荒木香織

ラグビー日本代表を変えた「心の鍛え方」

JN229400

講談社+α《プラスアルファ》新書

はじめに——メンタルコーチという仕事

私の手許にひとつのメダルがあります。

二〇一五年にイングランドで開催された第八回ラグビー・ワールドカップに出場した選手に贈られたものです。

もちろん、私は選手ではありません。ですから、もらえるはずはないのですが、南アフリカとの初戦の前でした。廣瀬俊朗《ひろせとしあき》選手がやってきて、

「選手からです」

と手渡されました。

びっくりしました。

なにしろ、いま言ったように、そのメダルは選手しかもらえないのです。

「それ、誰かのものじゃないの?」

そう訊《たず》ねたら、「いいんです、いいんです」と……。

私はメンタルコーチとして三年間、四シーズンにわたって日本代表チームに携わりまし

た。メンタル面から選手を強化したのです。南アフリカ戦は、私たちにとってその成果が試される集大成と言えました。その決戦を前に、選手たちはここまで伴走してきた私に、「一緒にいてくれてありがとう」という気持ちを示すとともに、試合に臨む覚悟を見せようとしてくれた。私はそう思いました。

その南アフリカ戦。私は生後一一ヵ月の息子と一緒に現地ブライトンで観戦しました。ワールドカップで過去二回優勝、今大会でも優勝候補に挙げられていた巨漢ぞろいのスプリングボクス（南アフリカ代表の愛称）を相手に、日本の選手たちは攻めては怯《ひる》むことなく果敢にぶつかりに行き、守っては何度倒されてもすぐに起き上がり、タックルを繰り返しました。

ミスも数えるほどしか犯さず、これまでの日本代表ならあきらめてしまっていたかもしれない局面でも決して気持ちが折れることなく、懸命に立ち向かった。その姿は、感動的でした。

勝利が決まったときは、いままでの人生のなかで最高に興奮しました。私はわりと何が起きても醒《さ》めているタイプなのですが、このときばかりは心臓が破れるんじゃないかっていうくらい興奮しました。

ノーサイド直前、三点ビハインドの状況でペナルティを得たとき、エディ・ジョーンズ・

ヘッドコーチは「ショット！（ペナルティキックで同点を狙え）」の指示を出しました。

けれども、選手たちはその指示を無視しました。ロックとして身体を張り続けてきたトンプソンルーク選手は言ったそうです。

「歴史を変えるのは誰よ!?」

そして、トライを狙いにいき、あの大逆転が生まれました。

そのとき、このチームはエディさんから自立した。主体性をもって、自らの意志と判断で行動したのです。それこそが、エディさんと私が三年間、選手たちに求め続けてきたことでした。

南アフリカ戦の勝利直後、メディアに囲まれ取材を受ける著者の荒木氏

選手たちがたくましく成長したことを物語るたしかな証。それが、選手たちが私にくれたメダルだった。私はいま、メダルを手にしながら、そう思っています。

「成功する～の法則」「自分を変える～の習慣」「あなたならできる」「自分を磨くメソッド」「なりたい自分に」「一流の

メンタルに学ぶ〜」……。

街の本屋さんやインターネットを覗《のぞ》いてみると、ポジティブ・シンキングや自己啓発の方法、ハウツーを解説したり紹介したりする、そんなタイトルの書籍やウェブサイトがたくさん目に入ってきます。ただ、ひとつ指摘しておきたいことがあります。それらのなかには、きちんとした理論に基づいていないものも多い、ということです。

私は、スポーツ心理学をきちんと学問的に学び、研究し、そこから導き出され、確立された理論を体系立てて理解しています。そして、いまなお研究を続け、自分の経験や感覚ではなく、理論をもとに実際に多くのアスリートのメンタルトレーニングに関わっています。常に世界の最新の情報を得ることにより、新しい手法を創造していく作業も怠っていません。

スポーツ心理学は、バイオメカニクス、スポーツ社会学、スポーツ栄養学などと同じスポーツ科学領域に属し、人々のスポーツや運動の場面における行動を心理学的側面から研究します。さまざまな実験を行い、統計をとり、ときにはコーチやアスリートにインタビューをして、パフォーマンスと心理的傾向の関係などについて検証していきます。その積み重ねによって導き出された理論は、経験や感覚といった根拠のないものではありません。

私は、社会人一年目まで陸上競技の短距離の選手でした。高校時代は一〇〇メートルで地元京都では負け知らず。近畿大会でもだいたい上位に入賞して、全国大会にも必ずといっていいほど出場しました。記録でいえば、全国でもトップクラスに入っていました。

ところが、大きな大会――中学の全国大会やインターハイ、国体、全日本インカレ、日本選手権といった大会になると、満足できる成績をあげることができませんでした。あっさり予選で敗退したり、決勝に残っても最下位だったりということを繰り返し、結局、選手としては最後まで実力を出し切れずに終わりました。チャンスはずいぶんあったけれど、摑《つか》みきれませんでした。

大学の先輩には中道貴之《なかみちたかゆき》さん（高校時代はラグビー部員ながら一〇〇メートル日本記録を樹立）や井上悟《いのうえさとる》さん（大学二年生で一〇〇メートルの日本記録樹立。バルセロナ、アトランタ両オリンピック日本代表）、コーチでは山内健次《やまうちけんじ》さん（一〇〇メートル、二〇〇メートルの元日本記録保持者、ソウル・オリンピック日本代表）など、オリンピックにも出場した数々のコーチ、先輩、後輩、同級生に囲まれていました。

私たちは毎日同じ練習をしていた。それなのに、彼らと私の試合での成績の差は歴然としていました。

その違いはどこから来るのか――。

「メンタル、気持ち」

ずっとそう言われてきました。

「どうしても勝つんだ！」

「他人を蹴落としてでも日本一になるんだ！」

そういう強い気持ちがおまえには欠けている——監督やコーチをはじめ、周囲の人たちにはいつもそう言われていたのです。

卒業後、高校の教諭になったのですが、陸上競技しかやってこなかったので、あまりにも世間を知らなすぎたことに気づきました。それでアメリカに留学し、語学を学んだあと、ふたつの大学でスポーツ心理学を八年勉強しました。当時の日本ではあまり研究されていない分野でしたが、幸運にもスポーツ心理学では世界一と言われるダイアン・ギル博士（Dr. Diane Gill）とダン・グール博士（Dr. Daniel Gould）のもとで学ぶことができました。

スポーツ心理学を基盤として、アスリートのパフォーマンスについて、いろいろな角度から見られるようになったとき、わかったことがあります。それは、かつての私に必要だったのは、強い気持ちを持つことではなく（もちろん、それも絶対に必要ですが）、「心の準備」だったということ。レースに臨む前のメンタルの整え方、周囲からの期待の受け止め方、不安への対処の方法など、そういうことを教えてもらっていたら、もしかしたら結果は違っていたかもしれない。

そのとき、思ったのです。

「スポーツ心理学を学ばせてもらった人間として、そのためのスキルを次代のアスリートたちに返していきたい。彼らがどんなときでも持てる力を存分に発揮できるようにしてあげたい――」

その後、日本のラグビー・チームやシンガポール代表のセーリング・チームで選手のメンタルに関するコンサルティングを行い、二〇一二年からはエディ・ジョーンズ・ヘッドコーチに誘われて、ラグビー日本代表のメンタルコーチを務めました。

メンタルコーチの仕事は何かと聞かれれば、

「スキル、道具を増やすこと」

そう答えます。

不安であったなら、なにか壁にぶつかっているのなら、なんらかの道具、ツールを使って、不安を軽減するなり、コントロールするなりしてアスリート自身がそれとつきあっていく。そうすることで、自ら扉を開いていくことができます。ツールを持っていないから、不安や課題に対するアプローチができないのです。そのためのツールを教えてあげる。増やしてあげる――それがメンタルコーチの役割だと私は思っているのです。

「アスリートはもともとメンタルが強いのでは」

そう思っている方も多いと思います。

でも、決してそんなことはありません。それはワールドカップで南アフリカに勝利し、「歴史を変えた」ラグビー日本代表も変わりません。もし、彼らが強いと見えたなら、それはフィジカルと同時にメンタルを鍛えたからです。

そう、メンタルは鍛えることができるのです。その意味で、メンタルはスキルなのです。ところが、日本のスポーツ界のメンタルトレーニングに対する認識は——ようやく知られるようになってきたとはいえ——充分なものとは言えません。そのような状況下では、日本のアスリートが、オリンピックやワールドカップなど大舞台で実力を発揮しきれないまま終わるケースがなくなることはないでしょう。

あらかじめ断っておきますが、メンタルはすぐに鍛えられるものではありません。スキルなのですから、習得にはそれなりの時間がかかります。

私はサーフィンをやるのですが、はじめは波に乗るどころか、ボードの上にも立てませんでした。教えてもらって、準備して、波の読み方やパドリングを覚えて……というふうに、ひとつひとつ体得していって最終的に波に乗ることができるのです。

メンタルスキルもそれと同じです。何事も急にはできません。ラグビー日本代表の選手たちも、そうやって少しずつメンタルを強くしていったのです。

私が提供するツールは、スポーツにかぎらず、ビジネスや勉強、日々の生活においても応用できるものがたくさんあると思います。みなさんの日常で役立てていただくとともに、あわせてメンタルトレーニングの認知度が高まり、その重要性が広く知られれば、幸いに思います。

目次◉ラグビー日本代表を変えた「心の鍛え方」

第二章　自分に自信をつけるためのメンタルスキル

第三章　目標を達成するためのメンタルスキル

第四章　困ったときのメンタルスキル

第五章　受け止め方を変えるメンタルスキル

おわりに――ラグビー日本代表がもたらしたもの

第一章　最高のパフォーマンスを発揮するためのメンタルスキル

五郎丸ルーティンの誕生

ラグビー・ワールドカップで、五郎丸《ごろうまる》歩《あゆむ》選手がキックを蹴る前に必ず行ったポーズ。日本代表の快進撃とあいまって、日本では大変な話題となり、これまでラグビーを見たことがなかった人たちも、さかんに五郎丸選手の真似をする光景が見られました。

やや前屈みになって両手を組むあの動作は、「五郎丸ポーズ」とか「お祈りポーズ」と呼ばれました。けれども、あれは神様に祈っているわけでも、「入れ」と念じているわけでもありません。

キックを蹴る前に彼が行う一連の動作は——さまざまな報道がなされたので、ほとんどの方がご存じだと思いますが——「プレ・パフォーマンス・ルーティン」と呼ばれるものです。つまり、パフォーマンスの前（プレ）に行う、準備（ルーティン）のことで、五郎丸選手と私とでつくりあげたものでした。

強豪国に較《くら》べ、体格やパワーだけでなく、スピードでも劣る日本代表が多くのトライを獲ることは難しい。となれば、できるだけマイボールを保持し続け、ペナルティ・ゴールのチャンスを確実に決めて、小刻みに得点を重ねていくことが勝つためには重要になります。それには優秀なキッカーが必要不可欠であることは言うまでもありません。その大役を担う選手として、エディ・ジョーンズ・ヘッドコーチから指名されたのが五郎丸選手でした。

五郎丸選手は早稲田大学時代からずっとキッカーを務め、国内では屈指の成功率を誇っていました。けれども、ワールドカップで戦うには安定感、確実性をさらに高める必要がありました。そのサポートを、私が任されることになったのです。

「どうすればいいのか――」

私は考えました。

ワールドカップが終わったあとのインタビューで、五郎丸選手はこう話していました。

「メンタルのような目に見えないものと戦うのは嫌だった」

私も、抽象的なことを彼に勧めるのは嫌でした。五郎丸選手の性格からいっても、自分が納得できないことはやらないだろうということもわかっていたので、できるかぎりわかりやすく、目に見えて、かつ努力して取り組む意義のある方法を提案したいと思いました。

そんなとき、ある文献が私の目に留まりました。二〇〇三年に発表されたもので、ワールドカップで選手が蹴った、のべ五七二のプレースキックのプレ・パフォーマンス・ルーティンについて書かれていました。

目に見えないものと戦うのは嫌でも、プレ・パフォーマンス・ルーティンは目に見えるものですから、戦えます。つくりあげるのに時間がかかりますし、その過程は決して簡単ではないけれど、五郎丸選手の持つ創造性と真面目な性格を考えたときに、なんとなく、ぴったり当てはまるスキルのような気がしました。

「やってみますか？」

五郎丸選手に訊ねると、

「研究で実証されているのならやってもいい」

それで、一緒に取り組んでいくことになったのです。

「ルーティン」はゲン担ぎではない

「プレ・パフォーマンス・ルーティンはゲン担《かつ》ぎとどこが違うのか？」

よくある質問です。

五郎丸選手のポーズが「祈っている」ように見えることもあってか、「プレ・パフォーマンス・ルーティン＝ゲン担ぎ」と思っている人も多いようです。

はっきり言います。

「プレ・パフォーマンス・ルーティンとゲン担ぎはまったく違います」

ゲン担ぎとは、辞書によれば、「ちょっとしたことを、よいことが起きる兆候と考えること」とあります。みなさんのなかにも何か実践されている方がいるかもしれませんが、あることをしたらいいことがあったから、仕事の前にこれをしたらうまくいったから、などという理由で、次も同じことをするというものです。アスリートのなかにも、たとえば靴下を左足から履《は》く人や、勝ち続けている間はひげをそらない人がいるという話を聞いたことがあります。

けれども、ゲンを担いだからといって、パフォーマンスの質が高まるかといえば、そんなことは絶対にありません。かりに五郎丸選手が試合前にスパイクを左足から履いたときにキックの成功率が高かったからといって、次の試合で同じようにしたとしても、それでキックの精度が上がるわけではないのです。ゲン担ぎは迷信です。

対してプレ・パフォーマンス・ルーティンは、そのパフォーマンスを行う際に生じるであろうさまざまな雑念を取り払い、ルーティンを正確に行うことだけに集中するためのもの。それが目的です。そして、現実にスポーツ心理学の研究によって、一九八〇年代にはこういうことが明らかになっているのです。

「ルーティンを持っている選手のほうが、持っていない選手に較べると、成功体験が多い」

プレ・パフォーマンス・ルーティンがもたらす効果には大きく四つあると言われています。

1　その動作をすることにより、それに続くプレーをスムーズに行える

すなわち、プレ・パフォーマンス・ルーティンを行うことで、身体が「いまからこのプレーをするのだな」と理解して、そのための準備に入るのです。五郎丸選手の場合なら、あの一連の動作をすることで、身体が自動的にキックを蹴る準備を整えます。

ですから、自分がトライしたあとにすぐコンバージョン・キックを蹴ることになっても、ルーティンをはじめると同時に過去の出来事（トライしたこと）をシャットダウンし、心拍数も下げることができるのです。

2　外的および内的障害の排除

外的な障害とは、目に見えたり、耳から聞こえてきたりする、パフォーマンスを行ううえでマイナスとなる要因を指します。吹いている風やスタジアムの歓声、ブーイングなどの雑音といったもののことです。さまざまな国で、さまざまな天候下で試合をしますから、芝生の状態にも違いがあれば、ゴールポストの長さもさまざまです。こうしたパフォーマンスに影響をおよぼしかねない要因を、プレ・パフォーマンス・ルーティンに集中することによってシャットアウトするわけです。トライのあとにコンバージョン・キックを蹴る際には、相

手の選手がゴールを阻止しようとしてキッカーに向かってきますが、これも外的障害といえます。

また、障害には内的なもの、つまり自分自身の中から生じるものもあります。

「キックが入らなかったらどうしよう」「この角度は苦手だな」

そう思ってしまったら、キックに集中できません。そのような不安や心配、すなわち成功につながりにくくなる考えや感覚も、プレ・パフォーマンス・ルーティンに集中することで取り除くことができます。

3　プレーを修正しやすい

最初のキックをはずすと二本目もはずしてしまう。そんなキッカーをよく見ます。ひどい場合は、その試合のすべてのキックをはずしてしまうことさえあります。

でも、プレ・パフォーマンス・ルーティンでは同じ動作を用いて準備をしますから、それに続くパフォーマンスがうまくいかない場合は、あらかじめ決めておいた動作を調整することで、次への成功に結び付けることができます。

よって、五郎丸選手は二本続けて失敗するケースがほとんどありません。すぐに修正できるように動きを調整する箇所を持ちあわせています。あらかじめ決めておいた動作をつねにするので、どこを修正すればいいのかがすぐにわかるのです。

4　ストレスの軽減

ストレスは、環境からのメッセージにより感じるものです。たとえば、試合中に起きた出来事が、自分が対応できると思っている以上のことだったとき、その状況を「脅威」ととらえると、ストレスが発生します。

こうしたストレスへの対応策としての役割も、プレ・パフォーマンス・ルーティンは果たしてくれます。そのことは研究で明らかになっているので、選手は漠然《ばくぜん》と「これをしておけば大丈夫だ」と思うこともできます。

ワールドカップのあと、五郎丸選手は話していました。

「プレ・パフォーマンス・ルーティンがあってよかった。なかったらどうなっていたかと思うとぞっとする」

このスキルを体得したことで、五郎丸選手はこれからも安定したキックを蹴り続けることができます。三年間かけてプレ・パフォーマンス・ルーティンを習得できたことは、彼の財産になると思います。

五郎丸ルーティンの目的

最初に述べたように、私は学生時代、陸上競技の短距離の選手でした。競技を見ていると気づかれると思いますが、陸上競技の選手はたいがい、スタート前に決まった動作をします。

私の大学の先輩に井上悟さんというオリンピック選手がいたことは述べましたが、彼は腕を身体の前でクロスさせ、さらに二回ジャンプしてからスタートの位置につくのが常でした。「ちゃんと見ていてな。それができなかったら、おれはダメだと思ってくれ」

いつも私たちにそう言っていました。その動作をすること自体を、彼は「自分は落ち着いているんだ」という、ひとつの指標にしていた。その動作をすれば、自分は落ち着くのだと思い込んでいたわけです。私も自分を落ち着かせるためにスタートのときには同じような動作をしていました。

ただ、その動作をすることで、どれだけ効果があっただろうか。

じつは、全然なかったと思います。

なぜなら、何のためにそれをするのか、私たちは理解していなかったからです。私たちが行っていたのは、たんに暗示をかけていただけで、真の意味でのプレ・パフォーマンス・ルーティンではなかったのです。

暗示をかけることで速く走れるなら、誰でも走れるはずです。プレ・パフォーマンス・ルーティンでもっとも大切なことは、「目的を明確にする」ことなのです。

以前からのラグビーファンならご存じでしょうが、もともと五郎丸選手は彼なりのルーティン――もちろん、彼自身はそういう言い方はしていませんでしたが――を持っていました。大学一年生のとき、二〇〇三年のワールドカップでイングランドを優勝に導いた名キッカー、ジョニー・ウィルキンソン選手のキックを見て、はじめたようです。

ただし、自分がキックを蹴る前にどんな動作をしているのか、五郎丸選手自身わかっていませんでした。

「キッキング・ティーをもらったら、どんなことをする？」

そう訊ねても、

「あれ？　何したっけな……。ボールを回すかな」

そんな感じでした。無意識のうちに、感覚で行っていたからです。

そこで私は言いました。

「じゃあ、蹴る前に何をするか、書き出してください」

感覚を目に見えるものにするためです。

そのうえで、さらに要求しました。

「ただ動作を書き出すだけじゃなくて、目的を書いてみましょう」

五郎丸選手はプレ・パフォーマンス・ルーティンで以下の動作を行います。

1　蹴る位置にしゃがみ、ゴールポストを見て、ボールを二回回《まわ》してからセットする
2　立ち上がり、うしろに三歩下がり、さらに左に二歩動く（立つ位置は、ボールの位置に対し、ゴールポストの直線から左四五度の角度で入っていけるところ）
3　右腕をひじまで脇につけ、手のひらを前に押し出すように腕を振る
4　身体の前で手を組む
5　八歩の助走で蹴る

まず、ボールをセットする際、二回回すのと、うしろに三歩、左に二歩という動作には、とくに意味はありません。そうしないとキックできないのでしているだけです。「鎮静剤代わりに残しておく」と五郎丸選手は言っていました。

次に右腕を振るのは、ボールを押し出すようなイメージをするためです。

そして、例の「五郎丸ポーズ」。本人も語っているように、じつはあれにも意味はありません。あのポーズをしても集中力があがるわけではないし、キックが入ることもないのです。そもそも私たちの間では「ポーズ」という言葉が出てきたことはありません。

五郎丸選手は右足で蹴るので、どうしても左に引っ掛ける確率が高くなるというデータがあります。ですから、必ずゴールポストの上半分の右側にボールが抜けるようにイメージします。イメージしているときの姿勢があのポーズです。心地よい姿勢でイメージを行おうとしたら、たまたまあのポーズになったのです。以前はもっと下のほうで手を組んでいましたが、いろいろ試行錯誤していった結果、あの位置に落ち着いたようです。

中腰になるのは、その後助走するときに重心が上下にぶれないようにするためでしょう。あの姿勢から蹴る体勢に入るまで、彼の重心はぶれていません。

八歩で蹴るのはもちろん、助走。以前はゴールポスト真正面のケースなど、絶対入ると思ったらすぐに蹴ったり、距離が長い場合はもっと助走を延ばしたりということがありましたが、わかりやすく統一することにしました。六歩、八歩、一〇歩……試してみたら、八歩がいちばんしっくりきた。距離や角度があっても八歩で大丈夫ということがわかったので、八歩になりました。

余談ですが、のちにテレビ番組で、「五郎丸選手は心のなかで『ドレミファソラシド』と

五郎丸歩選手はルーティンの最中、「何の音も聞こえない」という

唱えている」というエピソードが紹介されました。一オクターブは八音ですので助走の八歩と合致します。たしかに本人は「それがい い」と言っていたのですが、「ドレミファソラシド」と言わなければならないと思ったら、脳がそれに気を取られて助走がスムーズにできなくなる。それで私が「ダメ。もっと短い言葉で」と却下して、「八」というキーワードにしました。ですから、五郎丸選手がいまも「ドレミファソラシド」とつぶやいているこ とはありません。

結果は二の次でいい

プレ・パフォーマンス・ルーティンでよく誤解されるのは、五郎丸選手の場合なら、「キックに集中するために行う」と思われがちなこと。

そうではなくて、「プレ・パフォーマンス・ルーティンに集中する」のです。五郎丸選手自身、こう語っています。

「僕はキックを蹴るときには何も考えていない。頭にあるのは、自分のルーティンがしっかり守れているかどうかだけだ」

ですから、キックが成功したかどうかは、関係ありません。ルーティンを遂行すれば、パフォーマンスの強化・向上に影響すると、スポーツ心理学で明確にされているからです。実際、五郎丸選手はあのルーティンの最中、「何も見えないし、聞こえないし、感じない」と語っています。

したがって、もっとも重要なのは、理想とする動作を確立し、それを完璧に遂行できたかどうかということ。五郎丸選手と私は、三年間それに取り組んできました。

一年目は、ルーティンをつくりあげる作業。

「どうしてこれをしなければいけないのか」

「効果はこういうことです」

しつこいくらい説明し、納得してもらいました。最初はルーティンの秒数まで決めようと考えました。そのほうが効果的だという研究があったからです。ボールをセットして、右足から下がって、止まるまでの時間を計測したりもしました。でも、五郎丸選手が「そんなことしなくても、もう大丈夫かも」と言うので、それはやめました。

二年目以降は、より成功率を高めるべく、修正を加えながら、モニターを続けました。

「ストレスが軽減されている気がする？」

「ああ、そういう気がする。大丈夫」

そうやって、逐一確認していきました。

一連の動作ひとつひとつについて、毎日点数をつけることもしました。ルーティンを時系列で書き出し、チェック項目を明確にして表にし、ひとつひとつの動作を完璧にできたかどうか、五郎丸選手に一〇点満点で評価してもらったのです（31ページの図参照）。それを統計処理すると、フィジカルの調子がよかったときと悪かったときで、何が違ったのか、どこが悪かったのか、明確になります。そうすることで五郎丸選手の感覚が本当に正しいかどうか確認したのです。

ワールドカップで、エディさんは五郎丸選手に「成功率八五パーセント」を要求しました。結果として五郎丸選手はキックを二七本蹴り、二〇本成功させました。成功率は八五パーセントには届きませんでしたが、トライを含め、グループリーグ四試合で五八得点をマーク。これはグループリーグでは出場選手中第二位にランクされました。

イチローの動作もルーティン？

五郎丸選手以外の選手も、なんらかのプレ・パフォーマンス・ルーティンを持っています。たとえば、フォワードの選手はスクラムを組む前に、息を吐いたり、シャツをギュッと握ったり、「ＯＫ！　行こう！」と心のなかで叫んだり……。日本代表のフッカーである堀江《ほりえ》翔太《しょうた》選手は、ラインアウトでスローイングする際、ボールに書かれている「GILBERT（メーカー名）」という英文字の「Ｇ」のところに指を置きます。

「それでは、イチローはどうなんだ？」

イチロー選手がバッターボックスに入ってから、必ず同じ動作をするのはみなさんもご存じだと思います。専門家のなかには「プレ・パフォーマンス・ルーティンだ」と言う人が多いけれど——イチロー選手に直接訊ねたことがないので、はっきりとはわかりませんが——理論的にはその範疇《はんちゅう》に入ると言えないことはないでしょう。

プレ・パフォーマンス・ルーティンは、基本的に以下の条件のもとで行います。

・止まっている対象物にアプローチすること

ルーティン確立のため、五郎丸選手がつけていた「評価シート」

（実物のエクセルシートから一部抜粋）

2014	6/1	6/2	6/3	6/4	6/5	6/6	6/7	6/8	6/9
1．ボールを回してセット	10	10	10	0	10	10	0	0	10
2．3歩下がって2歩横へ	10	10	10	0	10	10	0	0	10
3．蹴った後のイメージ	9	7	9	0	10	10	0	0	10
4．体重移動	9	6	9	0	9	10	0	0	10
5．Total	9	7	9	0	10	10	0	0	10
6．ヒップコンディショニング	9	5	7	0	10	10	0	0	10

2014	6/10	6/11	6/12	6/13	6/14	6/15	6/16	6/17	6/18	6/19	6/20	6/21
1．ボールを回してセット	10	10	0	10	10	0	0	10	10	0	10	10
2．3歩下がって2歩横へ	10	10	0	10	10	0	0	10	10	0	10	10
3．蹴った後のイメージ	9	9	0	10	10	0	0	7	8	0	10	10
4．体重移動	8	7	0	10	9	0	0	5	6	0	8	9
5．Total	9	8	0	10	9	0	0	6	7	0	8	9
6．ヒップコンディショニング	5	4	0	9	9	0	0	3	5	0	8	9

＊ルーティンの動作を時系列で書き出し、それぞれの項目について五郎丸選手自身が10点満点で評価を入力した。これにより自分の感覚を可視化することができる。この数値を統計処理することで、それぞれの動作がトータルの感覚とどう関係しているか、フィジカルのコンディションとどう関係しているかなどが明確になる

・制限時間がなく、自分で時間をコントロールできること

ですから、ゴルフのドライバーショットやボウリング、あるいはバスケットボールのフリースロー、バレーボールやテニス、卓球などのサーブ……などにはピッタリ当てはまります。

タイガー・ウッズ選手のショットは、スイングだけを見てもどのホールかわからないといいます。どのホールでもつねに同じ動作からショットに入るので、あとで見返しても、どのホールでのショットなのかわからないそうです。

イチロー選手の場合、ピッチャーが違えば、どんなボールが来るかわからない。時間についても、基本的に間合いをコントロールするのはピッチャーです。その意味で、先の条件は当てはまりません。

なので、あの動作をプレ・パフォーマンス・ルーティンと呼べるかどうか。広い意味ではそうでしょうが、先の条件に当てはめると、むしろピッチャーのほうがプレ・パフォーマンス・ルーティンを持っていると効果があるのではないかと思います。

ただ、ボールと対峙《たいじ》する準備という意味では、イチロー選手のあの動作、クセは効果があるのだと考えます。どんな状況であれ、それをすることで自分のペースで打席に臨むことが

できるのであれば、イチロー選手のメンタルの安定につながっているのだと思います。

「五郎丸ポーズ」で仕事に集中

「プレ・パフォーマンス・ルーティンを日常生活に活かせないか」

そういう質問を何度も受けます。

プレ・パフォーマンス・ルーティンは、先に述べた条件が必要となります。たとえば仕事でプレゼンの前に行おうとしても、どんな場所でやるかわからないし、どんな質問が飛んでくるかわからない。先の条件を担保するのは難しいと思います。

外科の先生が手術に臨むときや、役者などが舞台でパフォーマンスをするケース、つまり、自分自身の行動がそのまま結果につながるような職業の人には適用できると思いますが、それ以外の人は、プレゼンがあるならできるだけのシミュレーションをして、どんな状況にも臨機応変に対応できるように準備しておくほうがうまくいくと思います。

むしろ、特別なことはしないほうがいいかもしれない。明日大きな仕事が控えているからといって、特別なことをするのではなく、いつもと同じように過ごすほうが結果はうまくいくのではないでしょうか。

先日、アナウンサーの高島彩《たかしまあや》さんとお話をする機会がありましたが、彼女は「生放送でも収録でも、特別何もしないでおく」とおっしゃっていました。「何かのきっかけで、決めたことができないほうが怖いから」だそうです。

また、ボストン・レッドソックスの上原浩治《うえはらこうじ》投手も、シーズン中は判で押したような毎日を送るそうです。試合当日も、ナイトゲームなら昼過ぎに球場に入り、ほぼ決まったメニューの食事をとり、マッサージを受ける。それからウェイトトレーニングを行い、試合前のウォーミングアップ。試合がはじまれば、二イニングか三イニング目にブルペンに向かうといいます。その一連の流れが上原投手の準備であり、それを積み重ねるからこそ、結果が出る——上原投手は著書のなかでそのように語っています。

事実、長生きされている方も、毎日同じ時間に起きて、同じものを食べて、同じことをする……というリズムを崩さない方が多い。そうすることが心理的安定につながっているのです。

ですから、仕事においてプレ・パフォーマンス・ルーティンは必要ないと考えますが、集中して企画書を書くとか、論文や原稿を書く、受験勉強をするといったときには、使えるかもしれません。

企画書を書こうとしたり、勉強をしようとしたとき、机の周りを片付けたり、お風呂に入ったりと、すぐに取りかかればいいのについ余計なことをしてしまうというのは、わりと多くの人が経験していると思います。

そういう行動を遮断するために、たとえばコーヒーを一杯飲むというルーティンは考えられます。どんなに机が乱雑であろうと、コーヒーを飲んだら絶対に教科書を開く、企画書を一行でもいいから書く。そう決めておくのです。あるいは、インターネットは必ず切っておく。わからないことはとりあえず仕上げてから調べるというふうに……。

「五郎丸ポーズ」をするというのもアリです。ただし、そのポーズをしたら絶対に取りかかること。ふだんからそのように訓練しておけば、コーヒーを飲んだら、インターネットを切ったら、「五郎丸ポーズ」をとったら、自動的にやるべき作業に入ることができるようになるはずです。

プレ・パフォーマンス・ルーティンの定義をもっと長いスパンでとらえれば、朝ご飯をきちんと食べるのも、そのひとつと言えないこともない。朝ご飯を食べることで、心身が一日のはじまりを意識して、準備するわけですから。

女性なら、お化粧もそうでしょう。お化粧をすることで、戦闘態勢に入るというか、「今日も一日がんばろう」と思えるのであれば、それなりの効果はあると思います。

ラグビー日本代表の選手もそれぞれに、試合の前日に行うルーティンを持っているようです。リーチマイケル選手は「部屋の掃除をする」。五郎丸選手は「荷物の整理をする」。堀江選手は「試合で気をつけること、個人的な目標を箇条書きにして具体的に書き出す」。藤田《ふじた》慶和《よしかず》選手と福岡堅樹《ふくおかけんき》選手の大学生コンビは「スパイクを磨く」……という具合。

また、リーチ選手は大学時代に左足のスパイクを二つ持っていってしまい、試合前にあわてたことがあった。それで、それからはプレーに集中するため、試合の一週間前から逆算して毎日の過ごし方を組み立てるとも言っています。試合までにやっておくべきことをひとつひとつ確認し、万全の状態で臨むということなのでしょう。

これらは、プレ・パフォーマンス・ルーティンと呼ぶにはあまりにも実際のパフォーマンスまでの時間がありすぎるし、ざっくりとしすぎてはいますが、「明日は試合だからしっかり準備をしよう」という覚悟を決めるには効果があると思います。

自分だけのルーティンをつくる

パフォーマンスの前に行うルーティンがあるなら、パフォーマンスのあとに行うルーティンはないのか？

じつはあります。プレ・パフォーマンス・ルーティンに対して、ポスト・パフォーマンス・ルーティンと呼びます。ポスト、つまりパフォーマンスのあとに、一定の動作を、一定の順序、リズムで行うのです。

よく見られるのが、テニスでミスショットをした選手が、そのあとで素振りをするケース。あれは、失敗したら、必ず成功したときのことをイメージして素振りをすることで、ミスを引きずらず、次のプレーに集中して臨むことができるようにするために行うものです。選手によっては失敗を自分のなかで帳消しにするために行っているケースもあるでしょう。ゴルフでも、やはりミスしたゴルファーがそのあとで素振りをしている姿がよく見られます。五郎丸選手がキックのあと、キッキング・ティーを放り投げるのもそうです。

じつは、みなさんもポスト・パフォーマンス・ルーティンについては無意識に実践しているのではないでしょうか。

たとえば、仕事のあとにお酒を飲んだり、カラオケに行ったりする。これもポスト・パフォーマンス・ルーティンのひとつです。お酒を飲んだり、歌を歌ったりして、ストレスを発散することで、うまくいかなかったことや失敗したことに対する自己浄化作業を行い、明日に備えているのでしょう。

これらのルーティンはあまり健康的とはいえませんが、仕事のあとジョギングをしたり、ジムに行ったりして、シャワーを浴びてからビールの一杯でも飲み、落ち着いた気持ちで家路につく。これはいい方法だと思います。もちろん、自転車をこぐのもいいし、散歩でもいい。実際、運動をすることはストレスの軽減になることが研究でもわかっています。

いずれにせよ、失敗を必要以上に引きずらず、気持ちを切り替えて次のプレーに備えるのがポスト・パフォーマンス・ルーティンの目的です。深呼吸をしたり、セルフトーク（自分に何か言葉をかける）をするなど、自分なりの方法をみつけるのがいいでしょう。

もうひとつ、デュアリング・パフォーマンス・ルーティンというのもあります。「デュアリング」、つまりパフォーマンスとパフォーマンスの間に行うルーティンのことです。

陸上や水泳などは一日に何度かレースがあります。その間の時間に、あるルーティンをすることで、気持ちをリフレッシュする、あるいは次のレースに備えるわけです。舞台での演技や演奏などのパフォーマンスを行う人たちも、途中で何か自分に問いかけたり、深呼吸をしたりしながら進めていくのではないかと思います。

アスリートについていえば、彼らはみな、なんらかのルーティンを行っているはずですが、無意識にやっていることが多い。陸上競技なら「必ず靴を脱いで休憩する」「レースまでの合間に音楽を聴く」というふうに、意識的に行うことが大切です。

オフィスで一日中、パソコンに向かっているような仕事の人は、デュアリング・パフォーマンス・ルーティンを持っていると効果的だと思います。

ただし、ポスト・パフォーマンス・ルーティンにしろ、デュアリング・パフォーマンス・ルーティンにしろ、必ず行うことが重要です。ですから、お酒を飲んだり、タバコを吸ったりすることはあまりお勧めできないのです。

コントロールできることだけ考える

「アスリートは、一般の人よりもメンタルが強い」

みなさんはそう思うかもしれません。

でも、最初にも述べたとおり、それは誤解です。

たしかに、理不尽なことに対する耐性は強いでしょう。たいがいの選手は子どものころから理不尽な練習を強いられることが少なくなかったはずですし、上下関係においても理不尽なことは多々あります。

また、たとえば陸上競技の選手などは、ある意味、走るという行為だけをずっとやり続けているわけです。そういった同じことの繰り返しを苦にしない面もアスリートにはあります。

けれども、自分が置かれた状況をいかに受け止めるか、監督やコーチ（会社でいえば上司）の言葉をどう感じるか、それらをどう消化し、体現していくかというメンタルにおいては、ふつうの人と変わりません。

ラグビー選手というと勇敢なイメージがあると思います。自分より大きい相手が突進してくるのを、怯まずに身体を張って止めなければいけないのですから。

でも、彼らだって、試合前には大変な恐怖を感じるのです。

ワールドカップで連覇を飾ったニュージーランド代表オールブラックスの選手ですら、そうなのです。みんなコンタクト（相手とのぶつかり合い）は怖いと思っている。でも、ラグビー選手が「怖い」と口にするのははばかられる。それで、みんなが怖いと思ったまま試合に臨んで負けてしまったのが二〇〇三年のワールドカップ（準決勝で敗退）だったそうです。

日本代表の選手たちは、ワールドカップで自分たちよりも体格もパワーも勝る相手に一歩も引かない突進とタックルで必死に立ち向かいました。ただ、

「相手に当たるのが怖くてしかたがない」

そう言う選手もいました。それも、バックスではなく、果敢に身体を張らなければならないフォワードの選手のなかに。リーチ選手も「怖い」とよく口にしていました。

「どうして怖いんですか？」

私が訊ねると、「相手がでかい」「スピードが速い」「ボールを落としてしまったらどうしようと考えると怖くなる」という答えが返ってきます。

けれども、ラグビー選手が恐怖心を残したまま試合に臨んでは勝てません。こうした恐怖心を取り除くためにはどうすればいいのでしょうか？

日本代表のリーチマイケル主将（右端）。恐怖心を克服し、突進する

もっとも重要なのは、自分でコントロールできることと、できないことを明確にすることです。

「相手が大きい」「スピードが速い」

これは自分にはどうしようもありません。相手を小さくすることも、遅くすることもできないのです。ならば、自分がコントロールできることをやるしかありません。

まず考えられるのは、「フィジカルを強くする」「体重を増やす」こと。自分が強く、大きくなれば、相手との体格差が縮まります。「疲労をうまく取り、素早くリカバリーする」ことも大切です。そうすれば、ベストの状態で試合に臨むことが可能になります。

「ボールを落とすのが怖い」ならば、ボールをしっかりグリップしてキャリーしたり、ポジジョニングやボディコントロールを工夫することで、うまくいく確率が高くなるでしょう。ボールをしっかりグリップしてキャリーする作業に集中すれば、そもそも「怖い」なんて思っているヒマもなくなるのです。

スポーツにかぎったことではありませんが、自分でコントロールできない、変えられないことに対して気を揉《も》んでも、何の解決にもなりません。時間とエネルギーを浪費するだけです。ならば、その時間とエネルギーを自分ができることに費《つい》やすほうが、よほど建設的だと思いませんか？

「平常心」は、いい結果を生まない

「練習どおりにしようと思ったけど、思った以上に緊張してしまった」

冬季オリンピックで金メダルを期待されながら不本意な結果に終わった、あるフィギュアスケートの選手が競技後に語った言葉です。

その選手にかぎらず、試合に臨む際、「練習どおり」にパフォーマンスをすることを心がけている選手は多いです。大半はそうだと言っても過言ではないでしょう。

でも、逆に私は聞きたい。

「それって、可能ですか？」

「練習どおり」にパフォーマンスを行うのは、はっきり言って不可能だと私は考えています。

むろん、テクニックや戦術については、試合前に準備したことを着実に実践することが大切です。

しかし、試合をするのは試合会場であって、練習場ではありません。つまり、環境がまったく違うのです。場所はもちろん、観客の有無とそれに伴うさまざまな雑音、アナウンス、ライバルや多くのメディアの存在など、練習場所とは異なる環境のなかで試合をしなければならない。身に着けるユニフォームや衣装も違うことがほとんどですし、本番では髪型をととのえたり、お化粧などの準備が必要な競技もあるでしょう。食事の内容やタイミングも普段とは違います。

当然、自分自身のフィジカル、メンタルの状態も変わってきます。「これは試合なんだ」と意識したときに、見えてくる光景や雰囲気は、練習のときに見たり、感じたりしたものとは異なるからです。

まして、先のフィギュアスケートの選手がパフォーマンスをする舞台はオリンピック。その数分のために四年間準備してきたのです。練習のときと同じ心理状態であるはずがないのです。事実、どんなに小さいときから国際大会を経験し、場数を踏んでも、オリンピックでは失敗する可能性があるということは、研究ではっきりしています。

「平常心で試合に臨む」

そういう言い方をするアスリートもいます。その人が言う平常心とはどのような状態なのかわかりませんが、理論的には平常心という状態は、「興奮の度合いが低く、不安をあまり感じていない状態」のことを指します。

しかし、そういう状態で行われたパフォーマンスは、じつはもっとも完成度が低いのです。これは、科学的に証明されていることです。平常心で臨んでも、決していい結果は出ません。

むしろ、適度に興奮し、不安もある程度抱えている状態のほうがいいパフォーマンスができると言われています。不安があればより集中しようとするし、準備も入念に行わざるをえないからです。

ですから、平常心でいられなくなるというのはあたりまえで、むしろ好ましい傾向と言えるのです。

「緊張」するから、うまくいく

ラグビー日本代表がワールドカップに臨む前、選手たちは口々に言っていました。

「いままでに経験したことのないような緊張や不安、あるいは興奮に襲われるんじゃないか……」

「パニックになったらどうすればいいのか……」

表現の仕方はそれぞれでしたが、

「そうなったら、どうしよう」

みんな心配していました。

そこで私は言いました。

「そういう状態になるのはあたりまえです。ワールドカップなのですから。緊張とか興奮とか不安がないほうがおかしいと思います。ワールドカップに選ばれた選手にしか経験できないことなので、楽しんでいきましょう」

すると、選手たちも「たしかにそうだよな」と納得したので、私は続けました。

「緊張したり、不安になったとき、〝これはあかん、どうしよう〟と思うとプレーできなくなる。〝これでいいんや〟と。それくらいがんばって準備してきた、それくらい強い気持ちがあるからこそ、そのエネルギーを試合にぶつけられる。緊張したり不安に感じたら、〝それであたりまえだ、それを感じられるのはいいことなんだ〟と思ってください。

みんなのために、家族も友達もチームメイトも恩師もみんな応援してくれている。こんなに幸せなことはない。こんな経験ができるのはワールドカップに出られるからこそ。人生、もうこんなにドキドキワクワクすることはそうないと思うから、楽しみましょう！」

エディさんにも、「ワールドカップを経験した人間として話をしてください」と頼みました。すると、次の日の朝のミーティングで選手たちにこう語りかけました。

「僕は毎日、ものすごいプレッシャーと戦っている。プレッシャーを感じなかった朝はない。そんな自分を落ち着かせるには、仕事をするしかない。相手を分析し、戦略や戦術を考えるしかないんだ」

選手たちがこの言葉をどうとらえたかはわかりません。でも、「エディさんでもそう感じているんだ」と、気持ちが少し楽になったと思います。

どんなに優れたアスリートでも、試合になると緊張します。そして、緊張することをマイナスととらえるアスリートは多い。

ですが、振り返ってみてください。緊張したけれどもいいパフォーマンスやプレーができたことはなかったですか？　きっとあったと思います。緊張＝悪ではないのです。

緊張感はいつ襲ってくるかわかりません。三日前に一気に来ることもあれば、三日から二日前にかけてじわーっと手に汗をかくこともある。それまでふつうにしていて、当日ロッカールームに入って突然緊張する場合もあります。

そんなとき、「緊張したらダメだ」「落ち着かなければいけない」と思ったら、かえって逆効果。緊張感が襲ってきたからといってパニックにならず、そうなったときは、いいパフォーマンスができる兆候だと思うようにしてください。

興奮と不安とパフォーマンスの関係

パフォーマンスの良し悪しは、興奮と不安の度合いを掛け合わせることによってより明確になります。

たとえば、最高のパフォーマンスはある程度の興奮度合いと少し高めの不安を持ち合わせているときに発揮できると言われています。

「不安が高いのに大丈夫なのか？」と思われがちですが、これはただ漠然《ばくぜん》と「どうしよう」と思っているのがよいという意味ではありません。実際にパフォーマンスに関することで、「これとこれをしたい」とか戦略についてのキーポイントを覚えておくといったことに対して、「大丈夫かな？　うまくいくかな？」と自問自答を繰り返すような状態がいいということです。

ただ、不安のレベルが高くなり、興奮の度合いが上昇し続けると、パフォーマンスは急激に低下し、再び戻ることはないとされています。よって、ほどよい興奮のレベルを保つことができれば、不安の度合いにかかわらず、ある程度のレベルのパフォーマンスは保証されるのです。

自分の状態を把握する

興奮しすぎると身体がうまく動かなくなり、不安が大きすぎると、適切な判断ができにくくなる。集中力が失われてしまいます。

ですから、

「自分がどんな状態であればよいパフォーマンスができるのか」

ベスト・パフォーマンスを行うためには、それを知っておく必要があります。

選手が試合や練習で経験する興奮とは、フィジカルの活動レベルのことで「アクティベーション」と言います。もっとも低いレベルが昏睡《こんすい》状態。もっとも高いレベルは、ウェイトリフティングの選手が全力で重いウェイトをあげているような状態です。

適切な興奮の度合いは人それぞれで違いますし、競技やポジションによっても変わってきます。ラグビーのように相手との接触が多い競技や、ウェイトリフティングのように瞬時にパワーが必要とされる競技では、ある程度アクティベーションのレベルが高いほうがいい。

陸上競技の短距離も瞬発力が要求されるので、私が選手だったころ、コーチや周囲の人たちはしきりに私を怒らそうとしたものです。当時の私は、醒めていたというか、覚醒レベルが低かったので、そうやってアクティベーションを上げようとしたのでしょう。

逆に、サッカーのように正確なスキルと判断を要求される競技は、アクティベーションは低めのほうが望ましい。

同じラグビーでも、フォワードの選手はアクティベーションが低すぎると力が入らず、ケガをしかねないですし、反対にバックスはより広い視野と判断力が要求されるので、興奮しすぎてもいけません。試合前、ロッカールームでハドルを組んで、泣き叫ばんばかりに出て行く光景をよく見ますが、あれはフォワードの選手には奏功しても、バックスの選手には興奮のレベルが高すぎます。

適切な興奮と不安のレベルを知る

一方、不安は「フィジカルの不安」と「メンタルの不安」に分けることができます。

フィジカルの不安が高くなりすぎると、心臓がバクバクする、胃がムカムカする、筋肉が硬直する、口がカラカラになる、手が汗ばむ、トイレに行きたくなる、吐き気がする……という症状が現れ、メンタルの不安が高くなりすぎると、イライラする、混乱する、集中できない、判断ができない、自分自身を疑う、恐怖を感じる、心配になる……といった状態が生じます。

身体が震えたり、手に汗をかくなどの症状はとくに問題ないのですが、頭の中で「失敗したらどうしよう」といった考えがグルグル回っているような状態はよくありません。そうなってしまっては、自信をもってプレーすることができなくなり、ミスも増えます。

試合においてベストのパフォーマンスを発揮するためには、フィジカルの不安――心拍数が増えてドキドキする、呼吸が荒くなるなど――と、メンタルの不安――ストレス、恐怖感など――を最善の状態にするべく、うまくコントロールすることが大切になります。

では、どうすればアクティベーションや不安の適切なレベルを知ることができるのでしょうか。

自分がもっともよいパフォーマンスをできたときの心身の状態を思い出してください。そして、それを基準に、興奮しすぎていると思えばリラックス、低すぎると思ったら、高めるようにするのです。

そのためには、自分の記録、日誌をつけておくのもいいでしょう。ほとんどの選手は練習日誌をつけていると思います。けれども、練習や食事の内容とか体重とか体脂肪くらいしか記録していないのではないですか？

そうしたことだけでなく、誰と何をしゃべったとか、こうしたときに勇気が出た、元気が

ラグビーW杯南アフリカ戦。終了間際、カーン・ヘスケス選手の逆転トライ

出た、不安がなくなった……というようなことも記録しておくのです。すると、きっと気づくと思います。よく考えてみれば、パフォーマンスがうまくいったときでも、フィジカルとメンタルの不安がある程度高かったということに。平常心ではなかったということに。

アスリートでない人は、自分にこう問いかけてみてください。

「どういうときに気分が高揚したか？」

つまり、自分が心地よかったとき、コンフォートゾーンにピッタリくることやモノを思い浮かべるのです。

もし、ラグビー日本代表が南アフリカに勝ったのを観戦したときに気分が高揚したというのなら、カーン・ヘスケス選手が逆転トライを決めたシーンをスマホにダウンロードするなどして、大事な会議やプレゼンテーションの前に見て士気を高めるという方法が考えられると思います。

ただし、そのツールが必ずしもいい結果をもたらすとはかぎりません。必要以上に気分が高揚しすぎたりすれば逆効果になる可能性もありますし、その逆もありえます。その場合は、別の方法を試しましょう。

また、いくらうまくいったとしても、時間が経てば効果は薄れていきます。なので、音楽を聴くとか、楽しい体験を思い出すとか、いくつかツールのバリエーションを用意しておいて、時と場合で使い分けるのがいいと思います。

すべてがうまくいく「フロー」状態

近年、「ゾーン」という言葉をよく耳にすると思います。

「あの選手は、あのときゾーンに入っていた」

というふうに。

でも、ゾーンについての研究は、スポーツ心理学ではもうあまりされていません。アスリートのそういう経験をうまく説明できないからです。一九五〇年代前半に提唱された逆U字の理論（緊張や不安のレベルを横軸に、パフォーマンスの成果を縦軸にグラフ化すると、中間くらいの緊張度でもっとも高い成果が出るという理論。グラフの形が「U」の字を逆さにしたようになる）もまったく当てはまらないとされ、いまでは使われていません。

代わってよく議論される現象が「フロー」です。パフォーマンスに極度に集中し、時間軸や感情、思考を忘れて、そのことに没頭する状態を指します。

五郎丸選手が完璧なルーティンをできたときが一種のフローであり、南アフリカ戦のノーサイド直前、あのときの日本代表の選手たちもまさしくフローの状態にあったと思います。

あの最後のトライは、立川理道《たてかわはるみち》選手がアマナキ・レレィ・マフィ選手にパスをし、マフィ選手がハンドオフで相手選手を引き寄せてから、マレ・サウ選手を飛ばしてカーン・ヘスケス選手にパスを送って生まれました。

でも、あのようなケースでは、ふつうならマフィ選手は自分で突っ込んでいったろうし、もしマレ選手を飛ばさずにパスをしていたら、マレ選手がノックオン（ボールを前に落とすこと）する確率が高かった。立川選手も最高のタイミングでパスしているし、それ以前に五郎丸選手がダミーに入って相手の選手を引きつけたのですが、あの位置に五郎丸選手がいたこともふつうではありえないことだった。考えられないことばかり起こったのです。

こうしたフロー状態は、アスリートなら、レベルを問わず、誰でも何回かは経験していると思います。私もありました。高校三年生のときの国体の予選だったと思いますが、ものすごく調子がよくて、走っている間は何も見えないし、聞こえない。感じない。光の中を走っているような感覚で、でも身体はめちゃくちゃ動く。結果、タイムも自己ベストから二番目くらいだったと記憶しています。

ですから、そういう現象が起きるのは私も信じているのですが、どうしてそうなったのかはわかりません。たしかに「今日はいつもと違うな」という感覚はあったのですが、じゃあもう一回できるかといったら、不可能です。

メンタルコーチングに関する本のなかには、「こうしたらフローになれる」と、その方法が書いてあるものもありますが、私は絶対にウソだと思っています。

研究で、「ある程度のスキルを持ったアスリートはフローに入りやすい」ことがわかっているのは事実です。でも、「フローはどうやって起こるのか、どうすればなれるか」というような因果関係については、まったく解明されていません。

意識的にそういう状態にもっていくのは不可能と言ってもいい。言えるのは、フィジカルおよびメンタルのトレーニングを通して培《つちか》ったスキルや自信といったものが土台となったところに、心身の状態や環境がうまく作用して、そういう現象が起こるのではないか、ということだけだと私は思います。

不安の原因を整理する

みなさんのなかには、ワールドカップの最中、私がずっとチームに帯同していたと思っている方も少なくないかもしれません。

でも、チームに合流したのは、彼らが初戦の南アフリカ戦が行われるブライトンに入った日。たしか、試合の一〇日ほど前のことでした。

生後一一ヵ月の息子がいたこともあって、そもそもイングランドに行く予定はありませんでした。ところが、エディさんから突然電話がかかってきて、「来てくれ」と。

おそらく、選手たちの要望だったのでしょう。日本を発《た》つ前の最後のミーティングで、「しっかり準備をしてきたので、必ずよいプレーができます。期待してテレビで観ていますから」と言うと、「来ないんですか?」。選手たちは当然私も来ると思っていたので、急《きゅう》遽《きょ》、呼び寄せたのだと思います。

合流したとき、選手たちはふだんと変わりなく見えました。とはいえ、試合の三日くらい前になると、さすがに若干緊張しているのが感じられました。

そのころのことです。バックスの中心選手である立川選手がこう訴えてきました。

「寝られへん。どうしよう」

「どうしたん？」

「いろいろ考えてしまって、寝られへん」

「何を考えてるの？」

「うーん、わかりません」

「じゃあ、何を考えているか、書き出してみて」

そう言って、立川選手に考えていることを全部言葉にして吐き出してもらいました。すると、

「間違った判断をしたらどうしよう」「パニックになったらどうしよう」「パスミスやキャッチミス、キックミスをしたら……」「練習でうまくいかなかった……」

さまざまなことが出てきました。

要するに、試合に対する不安です。それらが塊《かたまり》となっていっせいに彼を襲い、「どうしよう、どうしよう」とぐるぐる考えを巡らす結果となっていたのです。

そんなときは、不安のひとつひとつについて対処していくことが大切です。

たとえば、「間違った判断をしたらどうしよう」という不安。そもそも、「間違った判断」とは、どんなことを指すのでしょう。私は言いました。

「間違った判断って、状況によるやん。ハル（立川選手）が判断してボールを放ったあと

は、周りの選手がどう対応するかで、その判断がミスに見えたりする。でも、反対にうまくいったら、それはよい判断になるんじゃないの？」

つまり、かりに立川選手が「判断を間違った」と思ったとしても、それはほかの選手が彼の判断を共有できなかっただけなのかもしれない。代表の合宿では、ある状況において、相手の選手とボールの位置、スペースなどを見たときに、全員の判断を一致させるために繰返し練習してきたわけです。それでも、ある選手が、立川選手が下した判断とは違う判断をしてしまい、ミスが起きたとします。

「ならば、それは〝この状況でハルはこうする〟と感じてそこに動かなかった選手の判断ミスであって、ハルの判断ミスじゃないでしょう？　ラグビーって、みんなが助け合うもの。ハルがプレーしたあとで、次の選手がうまくやってくれればそれでいい。そう考えれば、間違った判断なんてないんと違うかな？」

そう言うと、立川選手も「そうやなあ」となりました。

立川理道選手

あるいは、「パニックになったらどうしよう」という不安に対しては、立川選手は、「集中したいときには指を触る」というトレーニングをしてきました。詳しくは第四章で述べますが、指を触れば、自動的に目の前のプレーに集中できるはずなのです。

そうやってふたりで、一時間ほどかけて不安の原因をひとつひとつ潰していきました。そうしたら次は「どんな準備をしておけばいいのか」をひとつひとつ確認する。そうした作業をしておけば、心配事はなくなるのです。

「全部吐き出したことがよかった。自分のやることが決まって、頭がすっきりした。それで自分のプレーに集中できた」

立川選手は南アフリカ戦の大金星のあとでそう振り返っています。

何かを前にして、漠然とした不安を感じることは誰にでもあると思います。そんなときは、何が不安なのか、その原因をひとつひとつ書き出していくことが大切です。そうやって整理し、対処法を考えることで、自分がコントロールできること、やるべきことが明確になっていくはずです。

オンとオフを切り替える

私はメンタルコーチになるにあたって、エディさんの面接を受けたのですが、そのときエディさんが言ったことで、いまでも憶えていることがあります。

「日本の選手は切り替えが下手だ」

エディさんはそう言いました。

「トップリーグの選手のなかには、社員としてふつうに仕事をしながらラグビーをする選手もいる。とくに新入社員は環境があまりに違うから、移行がうまくいかないのでは？」

私はそう答えたのですが、たしかに日本人はオンとオフの切り替えが下手だと言われます。

たとえば、夜のフライトで海外旅行に行く当日、毎週通っているお稽古事《けいこごと》があるとします。日本人は、時間的に間に合うときでもお稽古を休んでしまう人が多い。リラックスできないからです。

エディさんは、オフの日でも必ず夕方六時に選手を一回集合させました。選手たちはものすごく嫌がった。「リラックスできない。日中、うまく過ごせない」って……。

でも、エディさんは言いました。

「たとえオフであっても、夜六時に集まらなければならないとなったら、できるようにならないといけない」

「六時まではフリーなんだから、その間はゆっくりしたらいい」というわけです。

たしかに日常の生活でもオンとオフの切り替えが瞬時にできれば、試合中でもできるというのは正しいと思います。ラグビーは四〇分ハーフで時間が長く、しかも一気にテンポが上がることが多い。ずっと集中しつづけていると、心身がもちません。だから、ひとつのプレーが終わったら一瞬リラックスをして、次のプレーにまた集中することが必要です。大野《おおの》均《ひとし》選手は試合中、よく髪の毛をかきあげる仕草をしますが——本人に訊ねたわけではないので想像ですが——そうすることでオフからオンに切り替えるのだと思います。

日常生活においては瞬時にオンとオフを切り替える必要はないでしょうが、やはり、オンとオフの区別は大切です。

ある女性誌の取材を受けたときに聞いたのですが、最近の若い女性には、気持ちが落ち込んだとき、そのことばかりが気になって、お化粧も落とさず、お風呂にも入らず、そのままベッドに入る人が多いそうです。「落ちてしまう」という言い方をするらしいのですが、私には考えられない。

ふて寝するより、お化粧をちゃんと落として、お風呂に入って寝たほうが、翌日爽快に起きられるはずです。

アメリカ人には、朝、シャワーを浴びる人が多い。そうすることで「新たな一日がはじまる」という気持ちを起こすのだと思います。一種のリフレッシュです。仕事のあとでいったん家に帰ってからどこかに出かけるときも、日本人は服を着替えるだけの人が多いのですが、アメリカ人やヨーロッパの人はシャワーを浴びます。先ほど、トップリーグの選手の話をしましたが、切り替えるために仕事が終わったらシャワーを浴びてから練習に出ることを勧めたら、うまくいく人が多かった。

日本将棋連盟会長の谷川浩司《たにがわこうじ》さんは、自宅を建てたとき、仕事部屋の前に五段ほどの階段とU字に曲がった廊下をあえてつくったそうです。つまり、その廊下を歩くことで、「家庭＝オフ」から「仕事＝オン」へ切り替えるということなのでしょう。

一流のアスリートは、遊ぶときは徹底的に遊ぶ人がけっこういます。朝まで飲んで、騒いだり……。そういう姿を見れば「よくそんなエネルギーがあるな」と驚かれるかもしれませんが、あれもオフへの集中力です。自分を解放することに集中している。そうすることで、オンにもさらに集中できるのだと思います。

第二章　自分に自信をつけるためのメンタルスキル

日本代表には「勝つ文化」がなかった

ラグビー・ワールドカップの南アフリカ戦のキックオフ直前。

君が代斉唱のとき、五郎丸選手が泣いていたのを憶えている方も多いと思います。ほかの選手も全員が声を出して歌っていました。

あたりまえのことと思われたかもしれません。

でも、そういう光景は、かつての日本代表にはありませんでした。

エディさんに呼ばれてはじめて日本代表の合宿に参加したとき、私が感じたのは、「寄せ集め」というものでした。みんなバラバラで、たがいに遠慮もあれば上下関係もあった。

なにより選手から感じられたのは、

「なんで負けるチームに行かなければならないんだ」

そういう空気でした。

それは、ある意味、しかたがないことでした。

日本代表は、過去七回のワールドカップにすべて出場しています。でも、勝ったのは一九九一年の第二回大会のジンバブエ戦だけでした。いまの代表選手は、憶えているどころか、まだ生まれてすらいなかった選手もいます。

その次の南アフリカ大会（一九九五年）では、ニュージーランドに一四五点も取られて大敗したこともありました。テストマッチ（国の代表チーム同士の試合）においても、強豪国にはまったく歯が立たず、試合を組んでもらうことすらままならなかったのです。

そんなチームに対して、いくら国の代表だからといっても、選手は魅力を感じません。下手に代表に入って大敗して非難されるくらいなら、所属チームで活躍したほうがいい——選手がそう考えても不思議ではありません。そのため、代表に選ばれても辞退する選手が少なからずいたそうです。

加えて、勝ったことがないから当然ですが、海外のチームを相手にどうすれば勝つことができるか、何が必要なのかを理解している選手はほとんどいませんでした。

エディさんがメンタルコーチとして私に求めたのは、次のふたつでした。ひとつは、「日本代表というチームをつくりあげていく」こと。そしてもうひとつは「個々のパフォーマンスを向上させる」ことです。このふたつをメンタル面から支援してくれと言われたのです。

そこで、当時のキャプテンだった廣瀬俊朗選手、リーチマイケル選手、五郎丸選手、そして菊谷崇《きくたにたかし》選手という、リーダーズグループとしてエディさんが指名した四人と話をしながら、どうすればいいか考えることにしました。

そこで確認したのが、こういうことでした。

「勝ちの文化をつくる」

ニュージーランドでは、一度でもオールブラックスに選ばれれば、みんなが憶えていてくれるし、尊敬される。強いチームには勝利を積み重ねることで生まれる、そういう「勝つ文化」というものがあります。

ところが、日本にはそれがない。当然です。負けてばかりだったのですから。

外国人選手も「君が代」を特訓

「それでは、勝つチームというのはどんなチームなのだろう」

みんなで考えたときに出てきたのが、「誇り」という言葉でした。

「代表であることに誇りはなかったのか」

疑問に思われるかもしれません。

でも、現実に選手たちはあまり感じていないようでした。リーチ選手は「どうかなあ」と言っていたし、五郎丸選手も「勝ったことないからなあ」。

「日本の代表なんだから」と周囲から誇りを持たせてもらっていたかもしれないけれど、あらためて問いかけられると、自分たちの中から湧き上がる誇りというものはなかったのだと思います。

「ならば、誇りって何だろう」

そう思ったときに、「君が代」が浮かんできたのです。私は訊ねました。

「国歌斉唱、みんなしてる？」

「いや、あんまり考えたことない」

実際に過去の試合の映像を見てみたら、誰もちゃんと歌っていなかった。

「だったら、そこからはじめてみよう」

君が代に対してはいろいろな意見や感情があるのはわかっています。選手たちも、大きな声で歌うことに関しては躊躇《ちゅうちょ》があったようです。

ただ、スポーツの世界で、ワールドカップを目指すチームとしては、その行動は決しておかしいことではない。リーダーたちはそう考えました。

日本代表には外国人選手やコーチが少なくありません。そこで「君が代はこういう歌詞なんだ、こういう意味なんだ」と説明する時間をつくり、練習しました。

「スタッフと外国人も一緒になって、全員で肩を組んで歌いましょう、そうやって試合に入りましょう」

そう言って、みんなで取り組むことにしたのです。

マイケル・ブロードハースト選手なんか歌詞を覚えられないから、手に「chi《チ》 yo《ヨ》 ni《ニ》 ya《ヤ》

chi《チ》 yo《ヨ》 ni《ニ》」と書いていました。「今日ちゃんと歌えないと、明日は練習させてもらえないらしいぞ」と誰かが嘘をついたらしく、「まずい」と思ったようです。

試合によっては、前奏がある場合とない場合があるし、歌手の人が歌う場合もある。そのあたりも事前に確認して、みんなで歌えるように準備をしました。

人は、何のためにそこにいるのか、何のためにそれをやるのかということがわからないと、みずから積極的にコミットしようとは思いません。日本代表には、それが必要でした。

先ほど言ったように、それまでの代表選手たちは、誇りを周囲の人たちに持たせてもらっていた。自分自身が感じているものではなかったから、チームに対してコミットしようという主体性が生まれえなかった。チームとしての一体感もなかったのです。

誇りというものは、周囲の人たちにつくってもらうものではないし、エディさんがつくるものでもない。選手たちが自分自身でつくりあげていくものです。そのための取り組みのひとつが君が代を全員で歌うことだったのです。

実際、取り組みをはじめて二年目に、テストマッチのあとである選手がこう言いました。

「外国人コーチもスタッフも、全員が肩を組んで君が代を歌っているのを見てめちゃくちゃ感動した。士気が高まった」

外国人選手も一緒になって、大声で「君が代」を歌う

「マインドセット」を変える

ラグビー日本代表では、私から選手に話しかけることはほとんどありませんでした。人によっては、自分から「話をしよう」と選手にアプローチするメンタルの専門家もいますが、私はあまりそういうことはしません。

もちろん、なかにはエディさんや周りの選手から「ちょっと困っているから話をしてやってくれ」と頼まれたり、私が見ていて「まずいなあ……」と感じたりして、声をかけることはありました。

でも、基本的には、練習や食事の前後、あるいは移動中といった時間に、選手が話しにくるのを待っているという感じでした。なかにはメンタルについて話をしたことのない選手もいます。最後まで「メンタルについて話をする必要はない」と思っていたのでしょう。

それでも私が待ちの姿勢でいたのは、選手の自主性を大切にしていたからです。問題や課題があるとき、それは何なのだろう、どうしたら解決できるのかと選手たちが自分で感じ、「それならちょっと話しに行ってみよう」と思うほうが、メンタルのスキルをつけるためには、そしてパフォーマンスを向上させるには、効果的だと考えていたからです。

自分でコントロールできることが多いほどモチベーションは高まる――研究でそういうことがわかっています。

つまり、誰かに言われてやるのではなく、主体性をもって取り組むことで、モチベーションは高まり、維持できるのです。

ですから、選手が抱えるメンタルの課題の解決法に関しても、内容やアプローチについて私が答えを出すことはありません。選手の話を聞き、それならばどうすることがいいのか、一緒に考え、話し合いながら探していきました。

基本的には選手自身に考えてもらい、それに対して「いつもはどんな感じなのか」「それならこうしたほうがいい」とか「こんな例がいままであるけど、似たようなことは考えられる？」というふうにアドバイスをして、選手が納得したら実行していく感じです。

受け身であることから脱出することは、マインドセットを変えることの重要なステップのひとつでした。

「コーチアビリティ」を学ぶ

そう、エディさんに私は要求されていたのです。

「マインドセットを変えてほしい」

マインドセットとは、考え方の基本的な枠組みのこと。エディさんはよく言っていました。

「日本人選手は練習中に『はい』『はい』と返事をするけれど、伝えたはずのことを理解していないことがよくある」

質問もないから、わかったのだと思って、いざグラウンドでやってみるとできない。それでいつも怒っていました。

言い換えれば、表面的に監督やコーチの言いなりになっているだけということです。

欧米では、選手は監督やコーチに質問をするだけでなく、積極的に自分の主張を伝えるし、要求もします。監督やコーチもそれを歓迎する。そうやってチームをつくりあげていくのがふつうです。

選手としてどのようにコーチをされると、自分たちの能力が発揮できるのかを知るスキル

――これを「コーチアビリティ」と言います。これもスキルですから、練習すれば身に付きます。大切なメンタルのスキルのひとつです。

それなのに、日本の選手の多くはコーチアビリティについて考えてみることをしない。監督の言うことを、言われたとおりにこなそうとするだけで、会話が成立しない。

あるとき、堀江選手が、突然やってきたエディさんに「疲れているか?」と聞かれ、「はい、疲れてます」と答えたことがあります。すると、エディさんは激怒しました。

「このくらいで疲れているなら、もう今日は練習しなくていいから帰れ!」

堀江選手はもちろん、それを見ていたほかの選手もポカーンとしていました。当然です。「疲れているか?」と聞かれて、「疲れてます」と答えただけなのですから……。

でも、エディさんのなかでは、疲れていたとしても、「昨日のあの練習で、いまはちょっと疲れていますけれども、今日は全力を尽くします」というような会話があっていいはずだと。「疲れたか?」という自分の質問に対して、なんの説明もなく、「疲れた」と答えるだけでいいのか、ということで怒ったようなのです。

これは極端な例にしても、エディさんは、言われたことだけを従順にこなすという態度をもっとも嫌っていました。「がんばります」と言うだけの選手のコメントは大嫌いでした。自分で具体的な課題をみつけ、考え、向上しようとする姿勢をつねに忘れない。選手にはそ

練習中の堀江翔太選手を、エディ・ヘッドコーチが見つめる

うあってほしいと考えていたのです。

「成功体験」が足を引っ張る

その意味で、自分の成功体験にこだわりすぎるのはよいことではありません。

もちろん、成功体験を積み重ねることは非常に大事です。スポーツ心理学では、いわゆる自信のことを「自己効力感」と呼ぶのですが、それを高めるには——パスでもゴールキックでも何でもいいのですが——成功した経験が大切だと理論的にも証明されています。

また、人は成功することで喜びを感じ、それが自信となってさらなる目標に向かうための意欲を促し、より高みを目指して前進できるのも事実です。ですから、スポーツにかぎらず、ビジネスや教育の分野でも、「成功体験」の重要性が強調されています。

けれども、その成功体験をいつまでも引きずってしまうのはよいことではない。むしろ成長を妨《さまた》げかねません。

なぜなら、それは「過去のもの」であるからです。

こういう選手がいました。

その選手は高校時代から何度も日本一となり、大学でも一年生から中心選手。代表チームにも早くから選ばれ、非常に期待されていました。ところが、なかなか試合に出場させてもらえません。

「どうしておれが出られないんだ！」

内心、納得できないものがあったのでしょう。何かの拍子にふて腐れた態度をとったり、あるいは反対にミーティングで突然ノートを持って最前列に座って存在をアピールしたり、出場メンバーを決めるセレクションの練習になるとがぜん張り切ったり……。そういう行動をすることがよくありました。

「どうして試合に出られへんのやろうなあ？」

私は彼に訊ねてみました。そして、その答えをみつけるために、「何が楽しかった？」「思い出に残っていることは？」などと、昔のことをいろいろ思い出してもらいました。

すると返って来るのは、日本一になったとか、自分が活躍したときのことばかりでした。

でも、そういうマインドでは、チームに対していかにコミットするかということより、自分自身のパフォーマンスばかりに気が行ってしまいます。そんな気持ちはどうしても試合に顔を出します。監督はそのあたりを見抜いていたのでしょう。

たしかにその選手は、自分が活躍して日本一になったかもしれません。しかし、そうであったとしても、それはあくまでも高校や大学のときのこと。高校で何回日本一になったとしても、どれだけ得点したとしても、すでに過去のことであって、いま自分がいるレベルで同じことができるか、監督に要求されるプレーをできるかといったら、それは別の話。

つまり、基準が過去なのです。そこに気づいていない。過去の成功体験が華やかであるあまり、「おれはできる」と思い込んでしまって、自分がいま何をすべきなのかわかっていなかったのです。

では、彼がしなければいけないことは何か。試合に出られる・出られないに関係なく、本当に自分がその競技を好きなのかどうか。自分に足りないもの、やるべきことは何かを自分で考え、日々練習に取り組むこと。この練習で足りないと思ったら、誰かに頼んででも練習相手になってもらう。

言い換えれば、代表としての誇りを持って、チームに積極的にコミットする。そういうメンタリティが、代表レベルでやっていくためには必要不可欠なのであり、監督やコーチはそういう姿勢を見ているのです。

にもかかわらず、その選手は試合に出られないのを人のせいにして、努力を怠っていた。少なくとも私にはそう見えた。先輩がアドバイスしてくれても、すぐに「いや、でも僕はこう思います」と、聞く耳を持たないことが目立ちました。

「マインドセットを変えないといけない」

そう思った私は、毎日ふたりで話をして、足りないところ、やらなければならないことに気づいてもらうようにしました。そうしていくうちに、たとえば練習のときに積極的にコーチに質問する姿が見られるようになったり、変化が現れはじめました。監督やコーチもその変化に気がついたのでしょう、試合にも出られるようになりました。

基準を「いま」に置く

過去の成功体験を引きずってしまうと、自信やモチベーションを喪失しかねません。

別の例をあげましょう。その選手はある個人種目で、中学生のときに日本一になりました。当然、高校に入っても、周囲は「この子は勝てる」と思って見ているし、本人も「できるだろう」とそれなりの自信を持っていました。

ところが、まったく結果が出ませんでした。

まだ成長期にありましたから、高校に入ると身体つきが変わります。身長も伸びれば、体重も増えた。そうなれば、身体の重心が変わってくるし、身体の使い方も変えなければなりません。つまり、技術的に中学時代とは変わってくるうえ、その種目はルールも高校生になると変更されるのです。

であれば、中学生のときと同じことをやっても、結果は同じにはなりません。自分の状態、置かれた状況に適応していかなければならないのです。あたりまえのことです。

けれども、なまじ中学生で日本一になったがために、「同じようにやれば結果はついてくる」「練習さえがんばっていれば問題はない」とその選手は考えていた。自分の状態が変化していることに気づかなかったのです。

「あのとき勝てたのだから……」

そう考えてがんばった。それなのに結果は出ない。それでも「自分はできるはずだ」と、もっともっとがんばる。でも、思うようにならなくて、自分でもどうしていいのかわからなくなる……そんな悪循環にはまっていきました。

さらに、指導者も自分が預かったら突然成績が落ちたというのでは自分の信用問題にもなる。どうしても勝たせなければならない。それで「おまえはできる」と叱咤《しった》します。ところが、指導者は励ましているつもりでも、本人にはプレッシャーになってしまう。

そこで私は言いました。

「どこを基準にするか決めないといけないよね」

その選手は中学三年生のときの自分を基準にしていた。けれども、毎日状態が変化しているのだから、いまの自分を基準にして、その日その日にいろいろ考えながら過ごしていくしかないのです。指導者や周囲が何を言おうと、「それはあなたを日本一にしようと思っているからだということは間違いない。だから、何を言われても、気にしなくてよい」とも言いました。

幸い、ようやく悪循環から抜け出すことができたようで、最近はすごく調子がいいようです。二年間かかりましたが、過去の成功体験を切り離し、いまの自分を基準にすることができたのでしょう。

エディさんがよく口にしていた「マインドチェンジ」とは、いま述べたような意味もあるのです。マインドを変えなければ、世界にチャレンジすることはできない。国内で勝つのと、世界で勝つことは違うからです。

「勝っていないチームがやってきたことを、高校生や大学生がやっている」

エディさんはそう言っていました。国内で勝ってきたからそれが正しいと信じて、代表でも同じことをやってきた。でも、日本は世界で勝てなかった。ということは、それは世界では通用しないということです。

にもかかわらず、国内で成功したからといってまた同じことをやっても、勝てるはずがない。国内で勝ったという成功体験はきっぱり切り離して考える必要があるのです。

実際、確認していただければわかると思いますが、今回の代表に最終的に残った三一人のうちの多くは、高校でも大学でも日本一になったことがありません。学生時代は無名だった選手もいます。歴代最多キャップ九六を誇る大野均選手は、ラグビーをはじめたのは日本大学工学部時代。マフィ選手は関西大学Bリーグの花園大学出身です。

でも、彼らはほんとうにラグビーが好きで、試合に出られる・出られないに関係なく、日々最大限の努力を惜しまない。素直に人の話を聞き、なんでも吸収しようとする。だからこそ、代表に残ることができたのです。

成功体験を、自分の中でどこかに自信として持っておくのはいい。

「あれができたのだから、絶対がんばれる!」

そうやってエネルギーにするのはすごくいいことだと思います。

ですが、そこにすがりついてしまうと、

「あんなにできたのに……」「こんなはずじゃない……」

と考えてしまう。そうなると、自分が苦しくなって、自信やモチベーションを失ってしまう。

成功体験は甘美であるがゆえに、ときには毒にもなるのです。日本では「つねに謙虚に生きなさい」とよく言われますが、それはこういう意味だと私は思っています。

日本代表に反則が少ない理由

もうひとつ、日本代表の選手たちに提案したことがありました。

「ラグビー以外の行動をきちんとやろう」

きちんと食事をとる、疲れを残さないために決められた量のプロテインやスムージーをきちんと摂取するといったことは当然ですが、ほかにも靴を脱ぐときは揃えて脱ぐ。ちらかっていたらきちんと並べる。ペットボトルなどを放りっぱなしにしない。バスを降りるときは、ゴミが残っていないか必ず確認する……。一見、些細《ささい》な、どうでもいいように見えることでも、きちんと守ろうと提案したのです。

「ラグビーとどういう関係があるんだ」

そう思われるかもしれません。

けれども、そうした規律の部分は絶対に試合にも出るのです。

しなければいけないことをする。これは自分の行動の責任をとるということにほかなりません。それは、ピッチの上での自分の役割と責任を明確にし、やるべきことを責任を持ってするのと一緒。規律をないがしろにしていると、ピッチの上でも自然にそうなってしまうのです。

スポーツにかぎらず、日本人は妙な部分での連帯意識が強い。そのため、誰がいかなる責任を持って、何をしているのか、わからなくなることが多々あります。

「自分がやらなくても誰かがやってくれるだろう」

そう思ってしまう。でも、みんながそう思っているから、誰もやらない。

そうならないために、

「つねに個々が自分の役割と責任をしっかり確認できるよう、ラグビー以外での行動にも責任を持つ、人から言われなくても、するべきことは自分でちゃんとできるようになろう」

と提案したのです。

ラグビー日本代表に関わる以前、ある野球の強豪高校のコンサルティングに携わったことがありました。そのとき、生徒たちと一緒に、どんな目標を立て、それをどうすれば達成できるか話し合いました。そうして生徒たちからあがってきたのが、次のような目標でした。

「地域の人々から好かれるチームになる」

監督や顧問の先生が掲げた目標はもちろん、「甲子園に行く」ことでしたが、生徒たちは「地域の人々から好かれる」ことを目指したのです。

当時、野球部の生徒たちがコンビニにたむろしていたり、大きなカバンを持ってバスの中でわがもの顔でふるまってほかの乗客の邪魔になったりして、苦情が持ち込まれることが多かった。制服をきちんと着ていない部員もいました。

そこで、地域の人たちから応援してもらえるよう、「コンビニの前でたむろしない」「バスでは邪魔にならないよう隅のほうに立つ」「ゴミがあったらちゃんと拾う」といったことを心がけるようにしました。

「地域の人が好いてくれたら、応援してくれる。そうしたら自分たちもがんばれる」

そう考えたのです。

アスリートである前に、人としての基盤ができていなければ、責任を持って行動できる人間でなければ、アスリートとしても伸びていきません。実際、その高校は甲子園で優勝しました。先のラグビー・ワールドカップで日本代表の反則が非常に少なかったのも、もしかしたら、こうした取り組みが規律という点で影響していたのかもしれません。

勝者のようにふるまえ

「Act like a winner」

こういう言葉があります。

「勝者のようにふるまえ」――たとえ弱くても、つねに強者のように行動せよ、という意味です。

「強いチームみたいにふるまいましょう」

日本代表にも、いつもそう言ってきました。

「強いチームは、下を向いてダラッと歩かずに、前を向いて、偉そうにかっこよく歩いているじゃないですか」

自分が受け止めていることは行動に表れる――そう言われています。自分たちが強くないと思っていると、どうしてもうつむきがちになります。そうなってしまえば、相手に飲まれ、勝てる試合も勝てなくなってしまいます。

逆に、自分たちに誇りを持って、チームのために全力を尽くしていると実感できれば、前を向いて堂々と歩くことができる。

野村克也《のむらかつや》さんは現役時代にジャイアンツと戦うとき、ジャイアンツの選手たちが大観衆や大勢の取材陣に囲まれても、平然かつあまりに堂々と自信に満ちあふれているように見え、戦う前から「勝てない」と思ったといいます。ジャイアンツが自分たちを見下しているように思えて、劣等感を感じさせられたそうです。強いチーム、勝つチームには、おのずとそういうメカニズムができています。

といっても、それまでのラグビー日本代表は勝った経験がほとんどないのですから、いきなり勝者であることを求めるわけにはいきません。そこで、

「まずは行動から変えていきましょう」

そう提案していたのです。自信があるようにふるまうことによって、自分たちで自分たちにいい影響を及ぼそうというのが狙いでした。

とくにリーダーズグループの人たちに強く要望しました。というのは、リーダーが誇りを持ち自信に満ちあふれているとフォロワーが認識すると、おのずとフォロワーの行動もそうなっていくことがわかっているからです。

チーム全員が誇りと自信を持つことができ、それが態度となって表れれば、相手の反応も変わってくる。そうすれば結果も変わっていくのです。

苦しいときこそ、自分で「決める」

ワールドカップに出場したラグビー日本代表三一人のなかには、メンバーに選ばれながら、一度も試合のピッチに立つことができなかった選手がいました。廣瀬俊朗選手と湯原祐希《ゆはらひろき》選手です。

選ばれたからには、なんとかして試合に出たい。これは当然の気持ちです。でも、自分の思い通りにはならない。こうしたケースは、どんな組織でもあるのではないでしょうか。そんな状況のなかで、いかに気持ちを切らさず、腐ることなく、モチベーションを維持できるか。これは、組織マネジメントという観点からも重要なことでしょう。

「自分が試合に出られないなら、チームなんてどうなってもいいや」

そう考える選手がひとりでもいれば、チームはそこから崩壊していく可能性が高くなりますから……。

私の見たところ、湯原選手にはそういう不安はありませんでした。彼は見た目の通り、いつでもドンと構えて、いつ声がかかっても大丈夫なように、明るくニコニコと、かつ淡々と自分のなすべきことを準備できる選手でした。彼のポジションであるフッカーは堀江選手と木津武士《きづたけし》選手しかいないうえ、堀江選手は首に故障を抱えていた。どちらかがケガをしたら自分がリザーブに入ることになるので、それなりのモチベーションもあったのでしょう。

しかし、廣瀬選手は、湯原選手とは対照的なタイプでした。

廣瀬選手はエディ・ジャパンがスタートしたときのキャプテンです。ただ、メンバー構成上、試合に出る機会が少なくなったので、二〇一四年にキャプテンの座をリーチ選手に譲ることになりました。基本的にキャプテンがグラウンドでの判断と決断を行うラグビーにおいて、キャプテンの存在は非常に大きい。レギュラーでないとその任を担うのは難しいからです。

キャプテンを解任されたとき、廣瀬選手は弱気になっていました。キャプテンという役割を奪われた喪失感に加え、じゃあ選手としてがんばろうと思っても、レギュラーになるのは難しい。そのうえポジションも14番（右のウイング）から10番（スタンドオフ）に変わりました。そうした環境の変化から、ストレスで身体にも変調をきたしていました。

同時期に、前回のワールドカップでキャプテンを務め、今回の代表でもリーダーズグループのひとりだった菊谷選手が代表から外れました。

「次は自分が切られるのかな……」

そう感じていたようです。

実際、エディさんは廣瀬選手を代表から外す気でいたかもしれません。

試合出場は叶わなかったが、チームを支えた廣瀬俊朗選手（左から３人目）

「どうしたらいいですかね。どうするのがいちばんいいですかね」

廣瀬選手は言いました。本人が代表に残りたいのかどうか、わからなかったのだと思います。

でも、私は考えました。

「キクさんに続いて廣瀬さんまでいなくなってしまったら、チームが不安定になる」

新しいキャプテンのリーチ選手は、身体を張って態度でみんなを引っ張っていくタイプ。ほかの選手にマメに声をかけたり、細々《こまごま》としたことをするキャプテンではありませんでした。ですから、リーチ選手をフォローする意味でも、廣瀬選手がチームに必要だと思ったのです。

自分がコントロールできることが多いほう

が、モチベーションの維持につながる——先ほど、そう述べました。

人から言われて、しかたがないからするというのでは、言われたことをただこなすだけになってしまって、モチベーションは湧いてこない。自分の意志で、自主的に取り組もうと考えることができたとき、モチベーションは上がるのです。

「廣瀬さん、どうします？」

私は廣瀬選手に話しかけました。

「もう自分から代表を辞める準備をしてもいいと思います。それでも、このまま残って（リーチ）マイケルのサポートをしながらチームのためにできることをしますか？」

どちらを選ぶか、廣瀬選手自身が決めてほしいと言ったのです。

かりに代表から外れるとしても、エディさんに言われて外れるのと、自分の意志で辞めるのとでは、モチベーションが変わってくる。自分で選択肢を持ち、自ら決定すれば、代表から外れたとしても、打ちのめされることはない。ラグビーに対するモチベーション、生きていくためのモチベーションが下がることはないはずです。

そうやって、廣瀬選手が自分自身で考え、決定できる選択肢を持ってもらうという作業をつねにしました。また、私がエディさんに提出するレポートの中で、このチームにおける廣瀬選手の必要性を書いたりもしましたし、廣瀬選手には「ぼちぼちいってください。チームにとっても廣瀬さんは必要ですから」と励まし続けました。

「陰のキャプテン」でいい

廣瀬選手に対して、もうひとつ心がけたのは、役割と責任を明確にしておくことです。言い換えれば、自分が何のためにここにいるのか、何をしているのかわからない状態にしない。自分に楽しみや刺激がある。あるいは自分が学んでいる、前に進んでいると感じられる。そうなると、人は自主的に目標に向かって取り組むことができる。これも理論的に明らかにされています。

最初は私も、廣瀬選手に選手としても出られる、プレーできる準備をしてもらおうと思いました。でも、途中から考えを変えて、はっきり言いました。

「陰のキャプテンでいいんじゃないですか？」

つまり、選手として試合に出られなくてもいいじゃないか――そう言ったのです。そのうえで、「このチームのなかで、自分ができることは何かを探しましょう」と……。

私が見るに、エディさんは廣瀬選手を試合に出す気はまったくありませんでした。もちろん、はっきり口には出しませんが、話をしていればわかります。ただ、ワールドカップに連れて行くかどうかは迷っていた。そこで、廣瀬選手に訊ねました。

「たとえ試合に出られなくても、ワールドカップに行きたいですか。それとも、試合に出られないとかっこ悪いからやめますか？」

彼がワールドカップに行きたいと強く思っているのはわかっていました。伝統校の大阪府立北野高校、慶應義塾大学、社会人の名門・東芝、そして日本代表でもキャプテンを務めた廣瀬選手は、近い将来、間違いなく指導的立場に立つ人間です。廣瀬選手なら、ワールドカップに行ったという経験を、そのときにうまく活かせると考えたのです。要するに、引退後のこと、将来のことに目を向けてもらおうとしたわけです。

「陰のキャプテン、かっこいいじゃないですか」

そう言うと、廣瀬選手も「そうかあ」となったので、そのためにリーダーシップや組織論について話をしたり、「本は何がいい？」と聞かれれば「これを読んでみたら」と勧め、資料をあげたりもしましたし、人を紹介することもありました。

廣瀬選手も自分の役割と責任、そして目標をはっきりと自覚したのでしょう、対戦チームや選手の特徴を研究し、練習で相手役になったり、チームのためにできることをきちんと果たしてくれました。チームがスタートした初期のころにやっていたことのなかで、理にかなっていることは、もう一度やってみたりしたこともあります。モチベーションを上げるために、自ら日本のラグビー関係者に頼んで代表に向けたメッセージビデオをつくったり（南アフリカ戦前夜にみんなで見ました）、率先してロッカーの掃除をしたり、バス車内のゴミを拾ったりしたのも廣瀬選手でした。

五郎丸選手は廣瀬選手について、テレビのインタビューでこう語っていました。

「試合に出るメンバーが集中できる環境をつくってくれた」

リーチ・キャプテンも、廣瀬選手に細かいことを任せられるようになったことで、彼らしさが出てきたというか、「自分は身体を張って、チームを引っ張っていくんだ」と、役割と覚悟が決まったように見えました。

〝陰のキャプテン〟に対して、チームはワールドカップ最終戦の前日、桜のジャージをプレゼントしてその労に報いました。私も廣瀬選手はワールドカップでの快進撃の立役者のひとりだったと思います。だから、正直に言えば、最後に少しでいいから試合に出させてあげたかったのですが……。

きちんと役割と責任を与えて、それを評価する。これは、控え選手や裏方的な存在に甘んじている人のモチベーションを維持するのに、非常に大切なことです。

余談ですが、おもしろいことに、廣瀬選手のように試合には出ないけれどもチームのサポートに徹する選手は、外国のチームにはいないようです。エディさんは、そうした選手の重要性と必要性を、女子サッカーなでしこジャパンの佐々木則夫《ささきのりお》監督から教えてもらったそうです。

ほめられた記憶が自信を生む

「失敗するのが怖い」

そういう人が少なくありません。とくに、最近の若い人は極端に失敗やミスを恐れます。私が勤務する大学の学生を見ていても、そう思います。どうしてなのでしょうか。

人が失敗を恐れるようになるのは、子どものころから失敗やミスをすると、指導者や親、教師などから怒られることが多かったから、ということがとても大きい。怒られたくないから失敗したくないと考えるし、失敗したくないから挑戦もしない。

たとえば、サッカーの選手がシュートを打てる場面でも自分で打たないでパスばかりしてしまうのは、おそらく子どものころにシュートを外してコーチや監督に怒られた経験があったのではないかと推測できます。

ラグビー日本代表が最初に合宿を行ったころは、ミスをした選手に罵声が飛ぶことも少なくありませんでした。口には出さなくても、ジェスチャーであからさまに非難することもありました。

ずっと同じチームでやってきて、おたがいの気ごころが知れて、性格もわかっているなら、それでもいい場合はあります。が、年齢もキャリアもバラバラな選手がはじめて招集されたときに、いきなり若い選手がミスを罵倒されれば、どうしたって萎縮《いしゅく》してしまいます。

そこで、一年目はまず、いいところはほめる、前向きなコメントをすることをリーダーズグループの人たちに徹底してもらうことにしました。

というのも、日本のコーチングというのは、選手がよいプレーをしても、それを指導者がスルーしてしまう。

「おっ、いまのよかったな」

そうやって言葉にすることが少ない。

逆にダメなところは即座に指摘して、矯正《きょうせい》しようとする傾向があります。

その結果、たしかに欠点は修正されます。ですが、よいプレーをしたときにほめられないので、自分のいいところがわからなくなってしまう。自分の欠点や悪いところはよく知っていて、自分でも矯正しようとするのに、「長所や得意なことは何だっけ?」となってしまい、伸ばそうとしなくなってしまうのです。

ラグビー日本代表でも、もう充分に矯正されている箇所なのに、「もっとやろう」「もっとこうしよう」という意見が選手からたくさん出ました。

「そこはもうできるようになっているのだから、次のことをやろう」

そう言っても、指摘された欠点が気になって、次に進めなくなってしまうのです。でも、じゃあどこまで詰めればいいのか、際限がなくなってわからなくなってしまう。

そこで、「できていることはこのままでいこう」と、前向きに考えることを促しました。そう思うことができれば、それは自信になります。逆に、まだダメなところは自分たちでしっかりコミュニケーションをとって改善していく。そういうサイクルができていたと思います。

もちろん、なかには多少ネガティブなことが続いたり、前向きでないことを考えたりするほうが力を発揮する、エネルギーになるタイプの人もいることが研究ではわかっています。ですから、誰でも、どんなときでもほめればいいというわけではないのですが、しかし、うまくいったこと、成功したことを憶えておくシステムをつくっておき、そういう体験を重ねていくと、結果がいいことは事実です。

ほめることが大切だというのは、「ほめられればうれしいから、やる気が出る」ということもちろんあるのですが、いちばんの理由は、言葉で「よかったよ」と言われることで、「ほめられたときのことを記憶する」

ということです。記憶することで、自分のいいところを確認できる。そうやってうまくいったときの感覚、身体の感覚や心の感覚を憶えておくと、次も連続して成功させる自信につながるということが、研究で明らかになっているのです。

なので、「いいところはわざわざほめる必要はない」と、スルーしてしまうのがいちばんいけない。いいところは「いい」と、しっかり認めてほめてあげることが、自信をつけ、モチベーションを上げるには非常に大切なのです。

忘れがちなことですが、ほめられたほうも、ほめられたことに対して応える必要がありますす。日本人は「いまのはよかった」とほめられても、受け流してしまう。エディさんや外国人コーチは、選手がいいプレーをすると「はい、いいよ。上手」「グッド・ジョブ」とすかさずほめるのですが、知らん顔をしている選手が少なくありませんでした。

そうではなく、ほめられたら「ありがとう」と手をあげたりしてちゃんと反応することが、「いまのはよかったんだ」と記憶しておくには必要なのです。

もちろん、ほめる際にはなんらかの基準が必要です。

あるサインプレーを完成させることがいまの目標で、センターの選手が斜めに追いつくように突っ込んでくれば完成するとします。何回も繰り返し練習するなかで、その選手がタイミングよく入ってくることができたら、必ず「いまのタイミング、よかったよ」とほめてあげる。ちょっと遅かったら、怒るのではなく、「もう少し深いところから加速して入ってみたらどうだ」というようなアドバイスや指示をする。

そういうふうに、できたときにすかさずほめてあげることで、その選手にはそれが記憶となって次に生きてくるし、それを近くで見ていた同じレベルの選手も、「こうすればいいんだ」と心に留めることができる。そうした経験の積み重ねが自信になっていくのです。

モチベーションを上げるには

廣瀬選手にしたように、役割と責任を明確にすることは自信をつけ、モチベーションを生むうえで非常に大切です。

ある学生の話です。

私たちの研究には、文献が必要不可欠です。何千、何万とある文献を瞬時に正確に引き出すこと。これは、スムーズに研究を進めるためにとても重要です。もし探す時間が一日三分あったとしたら、一ヵ月で九〇分。一年となれば一八時間も探していることになる。短縮できれば、それだけ効率が上がるわけです。

この作業にはコンピュータのソフトを使い、そこに筆者名、いつ、どこに発表されたものか、といった情報を打ち込み、ナンバーをつけてファイリングします。そうすることで、何かキーワードを入れればそれに関する参考文献がズラーっと検索できるようになっているわけです。

ただし、情報を入力する際、スペルひとつ間違っただけでも、用をなしません。責任を持って、正確に入力する必要があります。

その作業は学生に行ってもらっているのですが、ある学生は、整理整頓がまったく苦手でした。どこに何を置いたかも、全然わからない。かばんの中もぐちゃぐちゃでした。人のものを整理すると、自分のものも整理できるようになる傾向があることがわかっています。そこで、あえてこの学生にその入力作業を担当させました。きちんとできないと、私もほかのゼミ生も迷惑します。

その学生は責任を持って取り組んでくれました。

「先生、入力しておきました」

「ありがとう」

しばらくして、「ラグビーのニュージーランドの資料あったでしょ。××先生が書いた文献。あれ何番？」と訊ねます。自分で入力したものだから、即座に「二三三番です」とプリントアウトしてくれます。

小さなことですが、そうした役割と責任を与え、積み重ねていくことで、自信がつき、積極性も生まれます。

言われたことをそのままやるだけでは、おもしろくない。モチベーションも下がっていきます。ですから、たとえ新人であっても、何らかの役割を与え、意思決定させることが、モチベーションを上げるためには大切です。たとえば、コピー用紙にどの紙を使うかといった小さなことでもかまわない。そこからはじめればいいのです。自分で考えるクセをつけてあげると、結局はリーダーも楽になるはずです。

ちなみに、先ほどの学生はその後修士課程を修了し、いまはある大学のリサーチセンターで働いています。

「自信がある人」になる方法

企業や学校で話をすることがよくあります。そのとき、よく聞かれる質問にこういうものがあります。

「自信をつけたい。でも、どうしたらよいかわからない」

自信を持てない人が非常に多いようなのです。

毎日鏡を見て、「私はできる！」と言って自信がつけば、こんな楽なことはありません。では、何からはじめればいいのか。この章の最後に、いまからできる方法を紹介しておきましょう。

1　自信があるようにふるまう

先ほど、ラグビー日本代表の選手たちに「勝者のようにふるまいましょう」といつも言っていたという話をしました。そのときに述べたように、自信のある・なしは、表情や姿勢、仕草や話し方などの態度におのずと表れます。

自信がある人は姿勢がよく、堂々としていて、歩くときも前を向いている。逆に自信がない人は、下を向き、背中も丸まりがちです。

座っているときや歩いているときはもちろん、相手と話しているとき、何かを伝えようとしているとき、あなたはどんなふるまいをしていますか？

自信なさげであったり、不安に見えたりすれば、相手にはそのように受け取られてしまいます。

スポーツの試合であれば、それだけで相手になめてかかられてしまいます。自分自身も、ネガティブな思考に陥りかねません。

ですから、たとえ自信のないときでも、まずは顔を上げ、胸を張り、勝者のように、自信があるようにふるまうことを意識してください。相手の反応が変われば、結果も変わってきます。それが自信につながっていくのです。

2 セルフトーク

セルフトークとは、ひとりごとや自分自身との対話のことです。声に出していてもいなくても、どちらともセルフトークと言えます。

「こんなこと、自分にはできない」「無理」「できる気がしない」「こんな練習、キツすぎる」「三位以内に入る自信がない」……。

何かに挑戦するとき、そんなふうに考えている自分がいませんか？

自分ができないと思っていれば、できることだってできなくなってしまいます。自信とは自分を信じることなのですから。

あなたがいま挙げたように考えることが多いのなら、それを自信につながる言葉に置き換える練習をしてはどうでしょう。

「自分にはできない」↓「きっとできる」

「こんな練習、キツすぎる」↓「がんばりたい」

「三位以内に入る自信がない」↓「これをやれば必ず三位に入れる。やってみよう」

というふうに……。

大切なのは、「自分自身に自信をつけてあげられる言葉をかける」こと。セルフトークは暗示ではありません。実際に自分で信じることのできる言葉をかける。そしてその言葉を信じて取り組んでいきましょう。

３　繰り返し練習する

あたりまえのことと思われるかもしれません。でも、どのようなことであれ、たいがいのことは繰り返し練習すればできるようになります。そして、できたことが自信になるのです。企業におけるプロジェクトの企画の発表などもそうです。

自信は誰がつけるものでもありません。自分自身でつけるのです。自信をつけたいと思ったら、そのために何が必要なのか考えてみてください。

プレゼンテーションの内容を充実させるために、誰かの助けが必要ならお願いをする。情報が必要ならできるかぎり集める。完成したプレゼンを何回もひとりで見直す。実際にその場に立って、会議のときに着る服で練習を重ねる。同じ部署の経験のある方に意見をもらう。若い社員にもアイデアをもらう。そうやって、プレゼンテーションの内容もそれを発表する自分自身のふるまいも充実させていくのです。

しっかり準備をして、繰り返し練習したら自信がない状態でいることのほうが難しくなります。その過程を記録すると成長を可視化でき、実感できるのでお勧めです。

第三章　目標を達成するためのメンタルスキル

「がんばりマス」がいちばんダメ

人は、目標がなければなかなか能動的に動こうとしません。スポーツにしろ、仕事にしろ、趣味にしろ、何らかの目標を持つことは絶対に必要だし、非常に大切です。

では、あなたはどのように目標を立てますか？

「目標は？」

そう聞かれると、ついつい、

「精一杯がんばります」「一生懸命取り組みます」

と気合とともに答えがちです。

しかし、スポーツ心理学では目標設定について四〇年以上研究がされていますが、この「がんばりマス」目標が「いちばんいけない」とされています。具体的にどのパフォーマンスについてどのように向上させていくのかを目標を通じて考える必要がある。だからこそ、目標を設定することが非常に大切なのです。

与えられた目標に関しては、なかなか自分自身でどうやって達成していくのかを考えることができないかもしれません。先生や上司が決めた目標を達成できると信じることが難しい場合もあるでしょう。

けれど、自分なりに目標を設定することで、実際に何をしないといけないかが明確になります。毎日繰り返し目標達成のために行動を起こす努力も生まれます。

この章では、目標をいかに設定し、達成するか。そのためのヒントを紹介していきましょう。

目標を三種類に分ける

「日本一になる」「全国制覇」「××高校に勝つ」

目標を立てる際、ほとんどの人はまずこうした、

「結果に関する目標」

を設定すると思います。

それは、悪いことではないし、大切です。けれど、とくにスポーツにおいては、自分だけのチカラでこのような目標を達成することは難しいでしょう。

というのは、自分自身でコントロールできることが少なすぎるからです。試合会場、日程、時間、対戦相手。チームスポーツであれば、チームメイトのコンディションや、その日のチームの雰囲気も影響するし、対戦相手のコンディションによっても結果は大きく左右されます。

結果に関する目標が必要なのはたしかですが、これだけでは前向きに取り組むことはできません。結果のことばかり考えていては、試合中とても不安になりますし、集中できない原因となります。また、指導者が決めた結果に関する目標に選手がとまどうことも少なくありません。

そこでもうひとつ重要になってくるのが、

「パフォーマンスに関する目標」

を立てること。すなわち、自分自身のパフォーマンスの向上を目指すための目標を設定するのです。

例を挙げれば、ベンチプレスの記録を五キロアップする、キックの成功率を八五パーセントにする、一〇〇メートルハードルの自己ベスト記録を目指すなど……。これは、個人のパフォーマンスの向上を目指すと同時にチーム力にも貢献できるため、一石二鳥と言えます。

そのとき大切なことは、自分自身の以前のパフォーマンスと較べることで、目標の達成度合いを評価することです。決して他人と比較する必要はありません。ですから、結果に関する目標に較べると、自分でコントロールできることが多いと言えます。そして、その過程を記録することにより、成長度合いを確認できるため、自信の強化につながります。

さらにもうひとつ、

「過程に関する目標」

を立てることも非常に大切です。これは、アスリートがどのように具体的なスキルを獲得するかに関係します。たとえば、キックの成功率を五パーセント上げるためにプレ・パフォーマンス・ルーティンを完成させる、一〇〇メートルハードルの自己記録更新のために抜き足の動作を速くすることなどです。

こうした「過程に関する目標」は、いろいろと工夫することができますから、どうすればパフォーマンスの向上につながるのかを考えるチカラがつきます。

実際、オリンピックでメダルを獲得した選手と獲得できなかった選手の差についての研究があるのですが、そのなかで「過程に関する目標を持って練習に臨んでいたかどうかが大きな分かれ目となる」ことが明らかになりました。「過程に関する目標」は意欲を持ち続けることや集中することにつながるのです。

「過程に関する目標」というと、練習のための目標のように思われますが、実際に試合中のパフォーマンスにおいても必要な目標です。また、理想のパフォーマンスにたどりつくための過程に集中することで、結果を出すことへのプレッシャーからも解放される。ですから、必ず立てるようにしたいものです。

このように、目標を立てるときは以上の三つの目標を設定することがとても重要です。

「結果に関する目標」をひとつ立てたなら、「パフォーマンスに関する目標」と「過程に関する目標」がそれぞれいくつかないといけません。そうしないと、必ず結果を出せる行動につながらないからです。

「目標はより高く」は本当か

「目標は高いほうがいい」

よくそう言われます。

言うなれば「ドリームゴール」を設定し、そこに向かってコツコツ努力していくという考え方です。

ただ、自分の能力や現状を無視して目標を設定しても、達成できないばかりか、自信を喪失し、モチベーションを失うこともあります。

「少しがんばれば達成できる」

スポーツ心理学では、そういう目標を設定するのが、いちばん適切だとされています。

いまの自分にはちょっと高いかもしれないけれど、その実現に向けて前向きに取り組む。

その結果、達成したことが自信となり、そこからはじめて次のステップに進むことができるということが研究で明らかになっているのです。

エディさんは、そのあたりの目標設定が絶妙でした。

エディ・ジャパンがスタートしたとき、エディさんが掲げた目標は「世界のトップ10《テン》入り」でした。当時の日本は一五位でした。世界の上位八強――南半球のニュージーランド、オーストラリア、南アフリカ、北半球のイングランド、ウェールズ、スコットランド、アイルランド、フランス――とそれ以下のチームは正直、力の差があります。その差を埋めるのは、容易ではない。でも、残りのふたつに入ることは、決して不可能な目標ではありませんでした。

「ちょっとがんばればいける」

そういう目標でした。いきなり「トップ4《フォー》」を目指すと言われても、選手には現実感がなかったでしょう。でも、「トップ10」ならば、「できるかも」と思ったはずです。

どうすれば一〇位にたどり着くことができるのか。それはエディさん以外誰にもわかりませんでした。先ほど述べたように、指導者が決めた結果に関する目標に選手がとまどうことは少なくありません。そこで、リーダーズのミーティングを通じてエディさんにその具体的な方法論について説明を求めました。なんといっても、エディさんはオーストラリア代表へッドコーチとして、南アフリカのアドバイザーとして、それまでのワールドカップで二回決勝に進み、一度しか負けていない名将です。説明を聞いて、選手は「できる」と確信したと思います。

そして、二〇一三年にウェールズ、二〇一四年にトップ８《エイト》に次ぐイタリアに勝ったりしたことで、同年一一月には一時世界ランキング九位になりました。そうしたら今度は「ワールドカップでベスト８」に目標を修正した。

選手が言うには、エディさんは練習においても、「もうちょっとやったらできそう」と選手が感じた時点で練習を止めたそうです。だから、次の日も選手はがんばることができる。テストマッチを組むときもそう。少しがんばれば手が届く相手に勝つことで、選手に「もっと強い相手にも勝てるかも」と感じさせたわけです。

南アフリカに勝つという目標だって、傍《はた》から見れば実現不可能に見えたかもしれませんが、必ずしも選手たちはそうは感じていなかったと思います。対戦が決まったときには、日本代表は上昇気流にありました。選手たちは、「ちょっとがんばればいけるんじゃないか」と思っていたはずです。実際、スクラムにおけるキーマンのひとりである堀江選手は、試合前にインタビューで断言していました。

「南アフリカくらいなら押せます」

非現実的なものではなく、自分がきちんと行動に移すことができること。それが目標設定には大切なのです。

「絶対に達成できる目標」も必要

先ほども「失敗を恐れる人が多い」と述べましたが、人がなぜ失敗やミスを恐れるようになるかといえば、掲げた目標が現実的ではないからということも無視できません。

とくにアスリートの場合、目標は監督やコーチから、すなわち他人から与えられたものであることが多い。アスリートでなくても、親や先生から「これを目指しなさい」と言われることは少なくないはずです。

選手はそれが達成不可能だとは思いません。だから、失敗すると、それは自分の能力が足りないから、低いからだと思い込んでしまう。その結果、自信を失い、モチベーションも下がってしまうのです。

そんな人に必要なのは、

「どんなに小さくてもいいから、達成感を感じること」

そうすれば、自信がつき、自分の価値を感じられるようになります。人は成功を体験し、達成感を得ることで、「次はもっとがんばろう」という意欲が湧いてきます。

そのためには、あえて絶対にクリアできる目標を設定し、それを連続してクリアしていくことも必要です。

最近はコピーすら満足にできない学生がけっこういます。驚かれるかもしれませんが、コピーを真っ直ぐとれない学生はめずらしくないのです。自分でコピーをした経験がないからなのかもしれませんが、当然、ページの順番を確かめて、ホチキス止めをすることもできません。

「どうしてそんなことができないの！」

つい怒りたくなりますが、怒っても何の解決にもなりません。怒ったからといってコピーがとれるようになるわけではないし、怒られれば、とくに最近の学生はとたんにシュンとします。

「コピーはこうやって真っ直ぐとるんやで」

私は、そう言ってやり方と気をつけるべきことを教えるようにしています。

すると、その学生は「できた」と笑顔を見せます。

「な、できたやろ？」

こんな簡単なことでも、できなかったことができれば自信になるし、ほめられればうれしいから、それからは「先生、コピーならいくらでもとりますよ」と、気持ちよく引き受けてくれるようになります。

そうなると、今度は本棚にファイルを並べるときも真っ直ぐ立てるようになる。「次、何かすることないですか？」と自分から聞くようになる。そうした達成感を重ねていくうちに、エクセルでシートを作成できるようになる、データを統計処理できるようになる……というふうになっていくのです。

「期限のない目標」は無意味

もうひとつ重要なのは、期限を切ること。つまり、「いついつまでに達成する」と明確にしておくことです。これがないと、目標とは言えません。締め切りや期限がなければ動こうとしないという経験は誰にでもあるのではないでしょうか。

日本人は、じつは目標を立てること自体は好きで、得意です。とくに自分に対する理想が高い人は、あれこれ目標を立てる傾向があります。スケジュール帳を真っ黒にしないと不安になるというのも、そのひとつでしょう。

ところが、実際に達成しているかといえば、どうでしょう。立てるだけ立てて、意外と達成していないのではないですか？

よくあるのが、「ＰＤＣＡ」の罠。生産管理を円滑に進める手法として、ＰＤＣＡサイクルというものがあります。Ｐ＝Plan（計画）、Ｄ＝Do（実行）、Ｃ＝Check（確認）、Ａ＝Act（改善）の頭文字をとったもので、この四段階を繰り返すことで、業務をスムーズに行えるというわけです。

それは間違っていないのですが、往々にしてそのサイクルをくるくる回っているだけになってしまい、「はて、目標は何だったっけな?」となりかねない。いったい何のためにやっているのかわからなくなってしまい、単に失敗しないための対策になってしまうわけです。

そうしたことを避けるためにも、期限を決めることが必要です。

目標に追われて、やりすぎない

ケガのため、しばらくチームから外れていた選手がいました。

ケガが治って復帰したのですが、ブランクがあるぶん、ほかの選手のレベルにできるだけ早く追いつこうと考えて、とてもがんばりました。

その結果、同じレベルまで戻った。ところが、今度はそれを維持しなければいけない。そのためにまた、「もっとやらなければいけない」と考えて、筋トレやスピードを増すトレーニング、さらには栄養学や身体とメンタルのケアまで、あらゆるノルマを自分に課しました。

おそらく、たくさんの課題をこなすことで、不安を解消しようとしていたのだと思います。だから手当たり次第にいろいろなことをやってみた。たしかに、そうしていれば不安になっている時間などないのかもしれません。

けれども、そうやって自分を追い込むことが、果たしていちばん肝心なパフォーマンスの向上につながっているか――。

私にはそのようには見えませんでした。ほかの選手よりたくさんのことをやるので、身体は疲れるし、移動時間は人より多いし、さらに言えばお金もかかる。でも、パフォーマンスは決して上がっていないのです。

「やりすぎているな……」

話を聞いて、私は思いました。

試しに「やりたいことを書いてみて」と言うと、びっくりするほどたくさんのリストができあがりました。どう考えても、やらなくてもいいことまで書き出されています。

自分がやりすぎているという意識は、たぶん本人にはなかったと思います。ケガをしてブランクがあったがゆえに、他人に自分を評価してもらいたかったのでしょう。自分が求められるレベルに達しているという確証を得たかったのです。

たしかに、いろいろなことをやっていれば、それなりの評価は受けられる。それは安心感にはつながるのでしょう。しかし、自分の意志ではなく、他人からの評価を気にして動くのは、結局は健康なモチベーションとは言えません。

私は思いました。

「自分の楽しみとか、身体のコンディションを上げるといったことに焦点を絞ったほうがいい」

そして、提案しました。

「このなかで絶対に譲れないというのを挙げてください」

そのうえで、いまやっていることに優先順位をつけてもらった。

すると、やるべきことが六つ、「ケガを完全に治す」「どこで誰とこういう練習をする」「バランスのいい食事をとる」といったことが残りました。

同時に、「スケジュールを詰め込まない」「お酒を飲みすぎない」「夜一二時を過ぎるまでの夜更かしをしない」など、「絶対にやらないこと」も確認しました。

つまり、「これだけはやること」を六つ、「絶対やらないこと」を三つ挙げたわけです。やるべきことには、「自分がやりすぎていないことを評価する」という項目も入れました。

最近は自己啓発の本を見ても、将来的な大きな目標を掲げたうえで、小刻みにシンプルな目標を立て、それをクリアしていくことで段階的に大きな目標達成に向かっていくことが奨励《しょうれい》されています。

ただ、それが定説となって流布《るふ》されるあまり、いくらでも目標はあっていいと勘違いする人がいます。

でも、いちばん大切なのは、言うまでもなく、掲げた目標を達成することです。たくさん立てた目標を、実際に達成しているかといえば、じつはそういう人はとても少ないのです。小学生のころから「夏休みの宿題は計画通りにやりなさい」とか「今月中にかけ算のドリルを終わりにすること」というふうに、他人に目標を設定されてやってきたから、自分のキャパシティを理解しないまま目標ばかりたくさん立てる。その結果、達成できなくて、焦ったり、「自分はダメだ」と思い込んだり、あきらめたりしてしまう人が、けっこういるのです。

いくらたくさん目標を立てても、身体はひとつだし、時間は一日二四時間しかありません。それならば、そんなに目標ばかり立てずに、本当に必要なものだけに絞ったほうがいい。そうすれば、時間的にも余裕ができて、焦らなくてもよくなる。結果として、目標を達成する可能性も高くなるはずなのです。

つまり、ときには引き算も必要だということです。

「やめることの大切さ」

そこに気づいていない人は、意外に多いのではないでしょうか。

自分の心と身体の現状を理解しつつ、目標に向かって行動を「維持・変化・停止」させるのも、パフォーマンス向上には大切なスキルです。

このままでいいと思ったら、そのまま「維持」すればいいし、変えたほうがいいと思えば「変化」させる。そして、やりすぎているなと感じたら、「停止」する。これも目標を達成するうえで大切なことなのです。

実際、やるべき目標を絞った先ほどの選手は、試合にも出場できるようになりました。

「完全主義」を捨てる

いま述べたことと、まったく関連しないでもないのですが、「完全主義」と私が呼んでいるタイプの選手がいます。自分自身に対して高い基準を持っていて、それに向かってミスをしないように努めていく選手のことを指します。

完全主義の選手には、よい傾向とよくない傾向、ふたつの面があります。

よい傾向は、適切な目標を立てて、その実現に向かって、健康的な心理状態で取り組んでいけること。周囲の期待もプレッシャーとは感じず、自分を励ましてくれるものだと受け止めることができる。失敗しても、いい経験をしたととらえ、栄養にし、肥やしにして、着実に目標に向かって進んでいこうとする。これがよい傾向です。

ところが、自分では適切だと思っても、客観的に見れば高すぎる目標を掲げる場合もある。自分の実力や伸びしろを正しく理解しないまま、無理な目標を設定してしまうのです。そうすると、いわばサバイバルレースをすることになりかねません。

目標が高すぎるがゆえに、たどり着きたいと努力しても、なかなかたどり着けない。目標と自分のギャップがどんどん大きくなっていきます。そのギャップを埋めようと、さらにがんばるけれども、やっぱりたどり着かない。

そうした状態が続くと、いつしか周囲の期待を「励まし」ではなく、「プレッシャー」に感じるようになります。プレッシャーに感じると、失敗をしたくないから、失敗を避けようとする。

いくらやっても自分が思うところに到達できないと思ってしまい、しかも失敗するのが怖いから、やるべきことを先延ばしするようになる。

「完璧にできないのなら、やらないほうがいい」

そう考えてしまうのです。

かといって、確実に達成できる目標では、クリアできても自分が満足できない。「自分はもっとできる」と思っているからです。これが完全主義のよくない傾向です。

完全主義の選手は、体操や新体操、フィギュアスケートといった、他人が採点する、評価する競技の選手に多い傾向があります。それから陸上競技の長距離選手にも多いことがわかっていますが、アスリートにかぎらず、そういうタイプの人は少なくないと思います。

正直、完全主義だからそうなるのか、そう考えるから完全主義になるのか、これは鶏と卵で、どちらなのかはわかりませんが、いずれにせよ、いま述べたような状態は、決して健康的とは言えません。

そんな選手に必要なのはやはり、目標を下げることでしょう。というより、適切な目標を設定し直すことです。先ほど述べたように、人は少し高めの目標に向かって努力した結果、クリアできたときに自信を感じるわけですから。

目標を立てるのも、スキルのひとつです。高すぎる目標を掲げてしまう人は、どの程度の目標をどのように立てて、いかに遂行していけばよいかというスキルに欠けるのです。

「初志貫徹」にこだわらない

どうしても目標を達成できない……。そういうことは誰にでもあるはずです。そのため、挫《くじ》けそうになることもあるでしょう。

そんなとき、あなたはどうしますか？

「一度立てた目標なのだから、絶対やらなければならない」

そう考える人もいると思います。

初志貫徹は大切なことだと私も思います。でも、がんばってもがんばっても結果が出なければ、結局は自分が苦しむことになります。モチベーションも下がってしまうでしょう。実際、そういうアスリートはたくさんいます。

では、どうするのがいいのでしょうか。

先ほど述べたように、「目標を下げる」こともひとつの方法ですが、目標の内容を変える、あるいは達成へのアプローチを変えるのもひとつのやり方と言えます。

「なかなかパスが回ってこなくて、目標にしているトライができない」

悩んでいるラグビーのバックスの選手がいました。パスをもらうために彼は、「パスをもらえる場所にいる」ことを自分に課していました。でも、現実には、なかなかパスが回ってきません。

そこで、彼は行動を変えました。「パスを要求する」ことにしたのです。自分の立つ位置を変えるのではなく、自分の求めることを周りの選手に伝えるようにしたのです。

すると、パスがどんどん回ってくるようになり、自然にトライも増えていきました。

彼は「トライをする」という目標自体を変えたわけではありません。そこに至るためのアプローチを変えたのです。

山に登るとき、頂上へのルートはひとつとはかぎりません。急勾配《きゅうこうばい》の険しいルートもあればば、緩やかな斜面を行くルートもあるはずです。頂上を目標と考えれば、そこに至るルートは決してひとつではないのです。

「体重を三キロ落とす」という目標を立てたけれど、なかなか落ちないで悩んでいる人がいるとします。ならば、目標を「体重を落とす」のではなく、「体脂肪率を〇・五パーセント下げる」ことに変えてみるのです。

もしかしたら体重は変わらないかもしれません。でも、見た目は引き締まって見えるようになり、健康的にもなる。実質的には目標を達成したことになるでしょう。

要は、「どこにたどり着きたいのか」。それがいちばん大切なのであって、そのためのプロセスはひとつではない――行き詰まったときには、そのことを思い出してください。

第四章　困ったときのメンタルスキル

「オリンピックの魔物」の正体

オリンピックでメダル獲得を有望視されながら、実力を発揮できずに終わったアスリートが、競技後にこう語っていました。

「自分でも何が起こったのかわからないです。自分の身体と考えがコントロールできませんでした」

極度のプレッシャーや不安に対処しきれなくて、パフォーマンスが悲劇的に悪くなる――こうした状態を「チョーキング」と呼びます。

「チョーク」とは「息がつまる」「窒息《ちっそく》させる」という意味。文字通り、パフォーマンスの途中で窒息してしまったかのように、身体が動かなくなる状態がチョーキングです。ゴルフでは「イップス」と呼ばれることが多いですが、スポーツ心理学ではチョーキングと表現します。

チョーキングが起こりやすいのは、自分自身や周囲の期待が高いときです。

「どうしても勝ちたい。勝たなければいけない」「勝たなければ意味がない」「観る人を感動させるような最高のパフォーマンスをしたい」……。

過度に思うと、そういう状態に陥ります。また、自分のパフォーマンスに疑いがあるときにも生じることがあります。

試合で極度のプレッシャーや不安にさらされると、練習ではできていたことができなくなります。スキルを遂行することに集中しすぎるため、言い換えれば、そのことを考えすぎるあまり、パフォーマンスを行うためのワーキング・メモリーの多くが消費されてしまい、脳の容量が減少して、自動的にプレーすることができなくなってしまうのです。

ワーキング・メモリーとは、脳の中でいま使われているスペースのこと。つまり、スキルを遂行することを考えるのにたくさんのスペースが使われてしまい、残りの部分が少なくなってしまうわけです。

チョーキングは、トップアスリートや、大舞台を何回も経験している人なら、そうならないというものでもありません。先ほどの選手もオリンピックははじめてではなかったですし、ラグビー・ワールドカップで史上初の二連覇を飾ったオールブラックスのキャプテンにして、史上最多の一四八キャップを持つリッチー・マコウ選手ですら――チョーキングからもっとも遠いところにいるように見える選手ですが――こう語っています。

「反応が悪くなり、動きが鈍くなり、コーディネーション（思ったように身体やボールをコントロールする能力）がなくなる。判断ができなくなり、何をしているのかもわからなくなる」

南アフリカ戦で、試合がはじまってすぐ、五郎丸選手が相手ディフェンスを突破して大きくゲイン（敵陣に入ること）したあと、相手選手と激突したシーンがありましたが、あれも一種のチョーキングです。興奮のレベルが高すぎて視野が狭くなり、相手選手が見えなかったのです。あとで彼に訊ねたら、「全然見えていなかった」と言っていました。結果的にあれで目が覚めて、冷静になることができたのです。

ですから、アスリートであれば、試合では必ずなんらかのかたちでチョーキングを経験しているはずです。「頭が真っ白になってしまった」「身体が動かなくなる」「見ているのに見えていない」というように……。

アスリートでなくても、そういう状態になることがあると思います。つまり、すべての人がそれぞれにチョーキングに陥る可能性があるわけです。

そんなとき、どうすればいいのでしょうか――。

プレッシャーを受け入れる

チョーキングは、何の前触れもなく突然襲ってきますから、試合中に修正することは不可能、ないしは困難です。そこで、チョーキングは起こるものだと想定して、日ごろから準備をしておくことが必要となります。

その方法として、以下のものが考えられます。

・プレッシャーを受け入れる
・プレッシャーのなかで意思決定をする経験を積む
・不安のレベルを下げる方法を身につける

ラグビー日本代表で長らく活躍した平尾《ひらお》誠二《せいじ》さんは、高校一〜二年生のころまでは、プレッシャーを感じて試合で自分のプレーができないことが多かったといいます。それで考えました。

「このプレッシャーはどこから来ているのだろう？」

すると、気がついたそうです。

「自分でつくっていた虚像だった」

そこに気づいてから平尾さんは、「プレッシャーなんて自分次第でどうにでもコントロールできる」と思えるようになり、花園ラグビー場や国立競技場の大観衆（当時のラグビー人気はすごいものがありました）のなかでも、ワールドカップという大舞台でも、それから観客のほとんどが相手チームを応援しているアウェイの状況であっても、それをプレッシャーと感じることはなくなったと語っています。

金メダルを期待されていることを「重荷」ととらえてしまえば、苦しくなってチョーキングに陥りかねない。けれども、

「期待されているということは、自分に可能性があるからなんだ」

と考えることができれば、それはエネルギーになります。

次に「プレッシャーのなかで意思決定をする経験を積む」。これは、トレーニングのなかで試合を想定してパフォーマンスをするということです。考えうる状況を設定して、そのなかでつねに冷静にふるまえるよう、訓練をするわけです。ラグビー日本代表は、エディさんが考えうるかぎりのシチュエーションを考え、シミュレーションを徹底的に行いました。

「不安のレベルを下げる方法」にはまず、「呼吸法」が挙げられます。一回、または二〜三回、ゆっくりと深い息をしましょう。大切なのは、「落ち着くために深呼吸するのだ」と意識してすること。無意識にするのとでは効果が違ってきます。

もうひとつの方法は「注意や集中を自分の内から外へ変える」ことです。これは、ミスを防ぐうえでも非常に有効です。

たとえば、ラグビーでボールを落としやすい選手は、「落とさないように、落とさないように」と考えてばかりいます。でも、以前にも述べましたが、人間は、自分の考えていることが行動に出ます。「落としたらダメだ」と考えるから落としてしまうのです。

声を上げながら練習するマレ・サウ選手

「落としたらダメだ」

そう思うから、「ダメだ」と思うことに集中してしまう。そうではなくて、「落とさないためには何をすればいいのか」を考えるのです。

マレ選手はノックオンが多いので、「ハンズアップ」とよく声に出しています。「落とすな」と自分に言い聞かせるのではなく、「ハンズアップ」、つまり手をボールのパスの来る方向に向け、迎えにいくことに意識を集中させているのです。立川選手もよく口にしていました。

また、「いい感じ！」「できる！」「GO！」などと、自分自身にポジティブな言葉をかけるのも、チョーキング防止には効果があります。プロップの畠山健介《はたけやまけんすけ》選手はボールキャリーの際、「オラオラ！」と自分を鼓舞する言葉をかけ、恐怖心をコントロールしていました。スポーツ選手が試合中、つぶやいているのは、たいがいはこうしたセルフトークと言っていいと思います。

南アフリカが陥った「チョーキング」

ワールドカップで日本と対戦したときの南アフリカの選手たちは、明らかにチョーキングに陥っていました。日本代表の選手たちも試合後、言っていました。

「香織さん、あいつらチョーキング！」

優勝候補の一角に挙げられていた南アフリカの選手が、どうして日本を相手にチョーキングを起こしたのでしょう。

想定外のことが起こったからです。

なぜ、想定外のことが起こったのか。

準備をしていなかったからです。

日本を甘く見て、ほとんど研究も準備もしていなかったのでしょう。なにしろ、日本戦の前に選手たちはゴルフをして遊んでいるという話が伝わっていたくらいですから。

人間は、先が見えなかったり、読めなかったり、わからないことが多いときに不安になります。だから、想定していなかったことが次々と起こって、「この試合はどうなってしまう

「格下」の日本代表に翻弄され、呆然とする南アフリカ代表選手たち

のだろう」と考え、パニックになったのです。

言い換えれば、南アフリカレベルのチームや選手であっても、想定外のことが次から次へと起こると、修正するのは難しいということです。

そして、それこそが日本代表が意図していたことでした。試合当日、エディさんはリーチ選手に言ったそうです。

「クロスゲーム（接戦）に持ち込めば、南アフリカは焦っていつもと違うことをやってくる。そうなったらチャンスだ」

そのために、日本はこの試合に備えて周到な準備を行ってきたのです。

初戦で南アフリカと対戦することが決まってから、エディさんはこの試合をメインターゲットに据え、南アフリカの情報を徹底的に収集、分析し、戦略と戦術を練りました。対戦が決まってからの一年間は、すべてこの初戦の準備に費やされたといっても過言ではないと思います。

その試合で笛を吹くレフェリーを日本に招き、彼のレフェリングのクセを選手に覚えさせるだけでなく、試合と同じ時間に練習し、風の向きや芝生の状態なども細かくチェックしました。

宮崎合宿のときは静かなグラウンドで練習するので、おたがいの声が聞こえるけれど、試合会場では絶対に聞こえない。ならば声で伝えなければならないときはみんなで集まる、それ以外は仕草を使う。「こういう状況では、必ずふたりでディフェンスに行く」「全員が立っている状況を一秒でも作っておく」「タックルをしたら、すぐに全力で戻ってラインに参加する」ということなどをきちんと決めておき、繰り返し練習しました。

マネージャーは、ホテルから試合会場に向かうバスのルートと移動にかかる時間まで確かめました。ワールドカップでは指定された時間にスタジアムに到着しなければいけないうえ、少し遅れても、早すぎても準備に支障が出るからです。

試合前日には、ホワイトボードに南アフリカの選手二三人の名前を書き出し、それぞれがどんな選手なのか、強みと弱みをひとりひとり分析しました。

そういう作業をしないで、目の前の相手がどんな選手なのか知らないで試合に臨めば、

「こんなにでかかったのか」とか「こんなプレーをしてくるのか」と驚いてパニックになってしまっていたでしょう。

でも、ひとりひとりの選手を丸裸にしたら、

「なんだ、たいしたことないじゃないか」

選手は口々にそう話していました。

「これなら、勝負できる！」

そう思うことができたのです。

そうやって、フィジカル、メンタル、技術、戦略・戦術、栄養……ひとつひとつについてきちんと準備し、対処法を考えておけば、自信をもって試合に臨むことができるし、想定外の事態が起こることも少なくなります。

みなさんも、会議などで予想外の事態が生じて、パニックになったことがあると思います。これは、いくらプレ・パフォーマンス・ルーティンをしていてもどうしようもありません。パニックを避けるには、考えうるかぎりのシチュエーションを想定し、徹底的にシミュレーションしておくしかないでしょう。

それでも、想定外のことが起きる可能性はあります。そこで大切になるのが、そうなったらどうするか、あらかじめ対処法を準備しておくことです。

そのためには、自分がいつ、どのような場合に緊張するのか、どんなときに腹が立つのか、頭の中が真っ白になってしまうのか、それを知っておくことが必要です。

自分がどんな状況でどういう状態になるか、気づいていない人は意外に多いのではないでしょうか。それを確認したうえで、その場合にはどうすればいいのか、対処法を用意しておく。そうなったときにどうするかという答えをいくつか持ち、練習しておくのです。そうしておけば、それほどひどい状態にはならないはずです。

では、具体的にどう練習すればいいのか、見ていきましょう。

怒りのスイッチを探せ

陸上競技の短距離選手としての私は覚醒レベルが低すぎて、アクティベーションを上げるために、周囲の人がよく私を怒らせようとしていたことを第一章で述べましたが、私とは逆に、一度スイッチが入ると、もう怒りが止まらなくなる選手がいました。

シンガポールの大学で教えていたとき、セーリングのシンガポール代表のメンタルコーチをしていたことがありました。そのなかの、「420」という二人乗りのクラスの女子選手のひとりはまだ一〇代でしたが、何かのきっかけですぐキレるのです。そして、一度怒りははじめると、もうやめられない、止まらない。感情を自分でコントロールできず、ペアの選手や周囲にわめき散らすこともしばしば。夜になってもイライラして眠れないほど。当然、他人とコミュニケーションをうまくとることができませんでした。

腹が立ってしかたがない。どこにぶつけていいかわからない……そういうことは誰にでもあるでしょう。適度の怒りは人を覚醒させますが、過度の怒りはパフォーマンスを低下させます。興奮のレベルが高くなりすぎて判断力が鈍りますし、また怒りが脳の容量の多くを占めてしまえば、ワーキング・メモリーが減少して、相手を見られない、自分のコンディションもわからないという状態に陥ります。ケガをするのも、疲れているときと腹が立っているときが多いことがわかっています。

このように、怒ってもパフォーマンスに好影響を与えることはありません。ですから、腹が立ったら、その怒りをコントロールする必要があります。これをアンガー・マネジメントといいます。

そのシンガポールの女子選手と向き合ったとき、私は考えました。

「腹が立つスイッチが入るポイントはどこなんだろう？」

まずはふたりでそれを探すことにしました。

その結果わかったのは——このあたりは五郎丸選手とも似ているのですが——ペアの相手をはじめとする周囲の言動が、自分が周囲に期待するレベルに達しないときに怒りを爆発させるということでした。彼女は実力はあった。それゆえに、他人に要求する基準も高かったのです。

セーリングという競技は、判断の連続です。風向きを読み、波の状態を見て、その都度最善の判断を下していくわけです。ある場面を見て、ひとりが「こうしよう」と判断したときに、もうひとりの選手も同じ判断をする。もしふたりの判断が異なったなら、できるだけ早く「どちらの判断で行くのか」を伝え合い、決定し、意思統一をして動くこと。それがコミュニケーションであり、もっとも大切なことです。このあたりはラグビーに通じるものがあります。

ところがその選手は、相手が自分と違う判断をするとキレてしまうのです。しかも、ペアを組むもうひとりの選手は年上だったのですが、口が悪かった。それで言い争いになることもしょっちゅうでした。意思統一の過程でケンカをしていては、勝てるわけがない。

どちらの判断が正しいかは、実際に行動してみないとわからない部分もあります。大切なのは、ふたりで同じ判断を下すこと。その局面で、ふたりが同じ判断をすれば、それが正しい判断になる。

私は言いました。

「腹が立ってもいい。でも、あなたは勝つためにふたりで船の上にいるんでしょう?　勝つためにに必要なのは、ふたりが同じ判断をすること。ふたりの目標をつねに一致させることでしょう」

そちらに意識を持っていくことで、怒りを鎮めるという狙いもありました。

もうひとつよく言ったのは、「相手を許してあげて」ということ。

私から見ても、その選手のほうが正しい判断を下すことが多かったのは事実です。ただ、それはもうひとりの選手もわかっています。それなのに、「あなたが間違っていた」と責められればやっぱり腹が立つ。それに、怒ったからといって、過去に下した判断を変えることはできないのです。

「だったら、彼女を許してあげて。そういう気持ちも必要だし、そうすれば人にやさしくなれるし、相手の意見も尊重できるようになるから。失敗したら、やり直したらいいじゃない。次に向かうしかないのだから」

もちろん、すぐに変われるわけではありません。でも、そういうふうにトレーニングを続けているうちに、以前なら激怒したような出来事が起こっても、「今回はこうすればいいんだ」と対処できるようになっていきます。

「こういうときはこうする」と準備しているので、実際に起きたときに「ああ、ちょっと待って。いま怒ったらダメだ」と押しとどめようとする。そうやって、徐々に対処できるようになっていくわけです。

その選手は、怒りをマネジメントできるようになるまで、ちょうど二年かかりました。でも、最終的に北京オリンピックに出場できたし、その後親元を離れてアメリカの大学へ行き、卒業して、きちんと就職することができました。日本に来て私の家に泊まったこともあるし、私にとっては思い出深い選手のひとりです。

「思考停止」を身につける

暑くて暑くて、何もやる気が起きない。暑さでイライラして何も手につかない。そういうことはありませんか？

そんなとき、あなたはどうしますか？

「イライラしないようにしよう」

そう思っても、どうしてもイライラしてしまうのが人間です。

「暑さは忘れて、前向きに考えよう」

そう言い聞かせても、そう言い聞かせている時点でイライラしていることになります。

「暑さを忘れよう」と思っているということ自体、暑さについて考えているわけですから。

では、どうするか。

とりあえず、「暑い」と考えること自体をやめてしまいましょう。思考に蓋《ふた》をしてストップさせてしまうのです。

「そんなことができるのか？」

そう思われるかもしれません。

しかし、できるのです、トレーニングをすれば……。

五郎丸選手は、見た目はクールなイメージがあります。でも、じつはものすごく感情が豊かで、向上心も強く、泥臭い努力を厭《いと》いません。だからなのか、たとえばチームメイトがミスをしたりすると、試合中にイラつくことがままありました。おそらく、周囲に期待しすぎるのでしょう。だから、その通りにしてくれないと、腹が立つのだと思います。

けれども、イライラしていいことがあるでしょうか。他人のパフォーマンスに腹を立てても、自分自身にとっては決してプラスになりません。むしろ、自分のパフォーマンスを低下させてしまうでしょう。自分がミスする可能性も高まってしまいます。

他人のミスは、自分でコントロールできることではありません。自分が納得できないことをほかの選手がしてしまったとしても、自分ではどうしようもないのです。

ならば、そんなことに無駄なエネルギーは使わないほうがいい。とくにラグビーのような競技では、すぐに次のプレーがはじまります。前のプレーで他人が犯したミスにこだわっているヒマはありません。そんな時間があるなら、自分ができること、しなければいけないことに集中したほうがいい。

暑さも同じです。自分がイライラしても、気温を下げることはできません。むしろ、ますます暑く感じてしまうでしょう。だったら、「暑い、暑い」と思うこと自体をやめてしまって、するべきことに意識を向けるのです。

「暑い」とか「だるい」とか「もう嫌だ」とか、そういうネガティブな自分に対する問いかけが、自分の元気の源になっていないことに気がついていない人は、意外に多いのではないですか。

では、どうやってネガティブな考えを断ち切るのか。

ラグビー日本代表の立川選手は次のプレーに集中するときには、指を触ることで気持ちを切り替えるようです。陸上競技の長距離選手のなかには、ある指だけ爪の色を変えて、イライラしたらそこを見るという選手もいます。

むろん、いきなり指を触ったからといって、イライラしなくなるわけではありません。トレーニングが必要です。でも、逆に言えば、訓練すれば誰でもこうした能力、すなわち思考を停止する能力を身につけることができるのです。

思考を停止する方法は人によってさまざまですが、ラグビー選手でいえば、試合が行われるグラウンドには必ずゴールポストが立っています。そこで、「イライラしているな」と自分で気づいたときは必ずポストのいちばん上を見るようにする。そして、そうしたら考えること自体をやめるよう意識するのです。

もちろん、最初からストップできるはずはありません。が、このトレーニングを繰り返していくうちに、ポストを見たらオートマティカルに思考をストップすることができるようになります。「眠い」という考えすら止めることができます。だから私は時差ボケで悩んだことがありません（あとで肉体的に反動がくるので、健康的なことではありませんが）。

思考停止はなんらかのツールがないと難しいので、イライラしたら「これを触る」とか「これを見る」、あるいは「何かを叩く」というふうに、自分なりのツールをあらかじめ決めておくことをお勧めします。

たとえば、交通標識の「止まれ」という赤いサインがあります。私が指導しているゼミ生のなかには、私がハワイに行ったときに青い空をバックに撮影したストップのサインをパソコンのデスクトップの壁紙にして、「できない」「無理」と思ったときやネガティブな考えに陥ったときにその写真を見る、という学生が何人かいます。

ほかにも、時計をいつもしているのなら、たとえば秒針が一二時を指したら思考を止める。時間的に余裕があるのなら、「コーヒーを飲む」といったことなどが考えられます。大阪のおばちゃんは絶対と言っていいほど飴《あめ》を持っていて、私もよくもらうのですが（よっぽど疲れているように見えるのでしょうか）、イライラしたら飴をなめる、チョコレートを食べるのも悪くありません。

ただし、その動作や行為は、「考えるのをやめる」という目的のためだけに使ってください。コーヒーを飲む行為を、気持ちを落ち着かせるためとか、気分転換のためとか、ほかの目的のためにしてしまったら、それは思考停止のツールにはなりえないからです。

トレーニングは日常生活のなかでも充分可能です。たとえば、コンビニやスーパーのレジで、前のお客さんが小銭を数えるのに手間取って、なかなか順番が回ってこない。あるいは電車のなかで誰かのカバンがぶつかった。

「ああ、もう！」

そう思ったら、トレーニングのチャンス。イライラがはじまったら、自分が決めておいたツールを触るなり、見るなりして、思考をストップするよう意識するのです。

人によりますが、だいたい三ヵ月くらい続ければたいがいの人はできるようになると言われています。もし一ヵ月くらい続けてもまったく効果が現れない場合は、別の方法を試してみましょう。

ただ、気をつけなければならないのは、思考を停止させるのは、ネガティブな考えが浮かんできたときだけ。きちんと解決しなければいけないことまでストップさせないようにしてください。

リアクト、リラックス、リセット

プロ野球中継を見ていると、打たれて交代したピッチャーや三振したバッターが、ベンチに帰ってきてグラブを投げつけたり、バットを叩きつけたりする光景が映し出されることがあります。

自分自身への怒りや不甲斐なさをぶつけているのだと想像しますが、あれは何の意味もないし、子どもたちにも悪影響を与えるので、絶対にしないほうがいいと私は思います。

みなさんも腹が立ったとき、ものに八つ当たりすることがあるかもしれません。でも、それで怒りが鎮まるでしょうか。鎮まったとして、それで得るものが、次につながるものがあるでしょうか。

そうしたときはリアクト、リラックス、リセットの「3R」を意識するのがいいと思います。

これは、私の友人がアメリカのナショナルホッケーチームで子どもたちに実践して効果があったプログラムで、イラッとしたときはリアクト（気づき）、次にリラックスして、リセットに向かうというものです。

見ていればわかりますが、ホッケーは接触が多いうえ、スティックという〝武器〟を持っている。そのため、しょっちゅう殴り合いのケンカが起こります。でも、それがパフォーマンスの向上につながるかといえば、そんなことはない。ならば、腹が立ったとしても、いちはやく冷静になり、次のプレーに備えるほうがよっぽどいい。そのためのひとつの方法が「３Ｒ」です。

先ほども言いましたが、あなたは自分がどんなときに腹を立てたり、イラついたりするか、知っていますか？　意外と知らない人が多いのではないでしょうか。

そこで、まずは自分がどんなときに腹が立つか、どういう状況のときにイライラすることが多いか、そしてそのときどんな気持ちになったか、どうしたかということを振り返って、書き出し、憶えておきます。自分のパフォーマンスに満足できなかったのか、あるいは他人の発言や行いが気に障《さわ》ったのか。原因に自分で気づき、確認する。

次に、そんなときはどうやってリラックスするか、あらかじめ行動を決めておいてください。腹が立ったり、イライラしたりする事態に直面したら、その行動をとるのです。

ラグビーやサッカーなどのように、時間がないときは立川選手がしているように、指を触るなどして瞬時に思考を停止したほうがいいと思いますが、時間があるのなら、散歩をする、好きなものを食べるといった方法も考えられます。

そうやってリラックスすることで、失敗した自分や他人を許してあげる、あるいは受け流すのです。リーチ選手は、朝食にベーコンが出てこないとリラックスできないと言って、いつもお願いしていました。

このとき大事なのは、何をすればリラックスできるか、自分で理解しておくこと。なんとなくそれをするのではなく、意識的にリラックスするためにすることが重要です。

たとえば、深呼吸をする場合、気合を入れるときにする場合もあれば、リラックスするためにするときもある。それがごちゃまぜになったら、何のための深呼吸かわからなくなってしまいます。大切なのは、認知したことをどうやって行動に移すかということ。ですから、コーヒーを飲むにしても、もう少しがんばるために飲むのか、ひと息いれるために飲むのか。明確に分けておくことをお勧めします。

そしてリラックスできたと感じたら、リセットする。前のことは忘れて、次に備えるわけです。「よし、行くぞ！」といった前向きの言葉を自分にかけるセルフトークが一般的です。

こうした作業を自動的に行えるようにするには、「リアクト、リラックス、リセット」の三つの言葉をキーワードにするとやりやすいと思います。「ああ、いまだ」とリアクトしたら、「はい、リラックス」、「次はリセット」というように、自分に言い聞かせるわけです。五郎丸選手のルーティンの「(助走の際の)八」と同じで、言葉にして続けていくうちに、自然と身体が動いてくれるようになるはずです。

不安なときに、やるべきこと

傍から見ているとふつうにプレーできているのに、本人だけが「おれはダメだ……」と思い込んでしまう。そんな選手をけっこう見ます。ラグビー日本代表のなかにもいました。

「どうしたの？」

そう訊ねても、

「もうダメだ。プレーできない……」

泣き出す選手も少なくありません。自分自身がどうなっているのかまったくわからなくて、ひたすら泣き続けるのです。

何が原因なのでしょう。

じつは、原因はないのです。というより、「これ」という原因を指摘するのはむずかしい。たとえば、ケガであったり、周囲の期待の高さであったり、さまざまな要因が複合的に重なったからこそ、そこまでへこんでしまうのです。

あえて言えば、自分が自分自身に期待することと現実にギャップがあること。それが理由でしょうか。

つまり、自分ではもっとできると思っているのに、現実にはそのレベルまで達していない。それが「おれはもうダメだ」とまで思い込んでしまう最大の原因で、そのギャップが大きくなればなるほど、落ち込み方も激しくなるのです。

であれば、そのギャップを埋める作業をしなければなりません。

そのためには、ワールドカップの試合前に立川選手にしたように、不安の原因をひとつひとつ解きほぐしていくことが必要です。

たいがいの選手は、ひとしきり泣くと少し落ち着いて、「こんなことがあった」「あんなことがあった」と今度は自分から喋《しゃべ》りだします。彼らの話を聞いていると、抱いている不安の原因がある程度見えてきます。誰かに何かを言われたからなのか、身体が自分の思うように動かないからなのか、あるいは自分のイメージと現実に差があるから苦しんでいるのか……だいたいのストーリーが浮かんでくるのです。

場合によっては、その選手の過去に遡《さかのぼ》ることもあります。その選手を取り巻くさまざまな環境、状況が影響して、いまの状態になっているからです。たとえば、太っている人は昨日食べすぎたから太っているのではありません。それ以前の食生活が関係しているはず。それと一緒です。

原因が整理されれば、あとはそれに応じた対処法を一緒に考えていけばいい。

試合前に毎回不安になるのなら、それは「がんばらないといけない」「ちゃんとしなければならない」と考えてしまうから不安になるだけ。その場合は話を聞いてあげるだけで解消できることが多い。

あるいは、ケガから復帰しかけの選手は「またケガをするんじゃないか」と不安になることが多いけれど、ケガが本当に治っているのであれば、たとえば目線を変えるというか、自分がしなければいけないプレーを挙げてもらう。そうすれば不安になるヒマなんかなくなって、気にならなくなる、ということもあります。

ですから、立川選手に触れたところでも述べましたが、漠然とした不安に襲われたときは、何が不安なのか確かめ、可視化することが大切です。

よく「目を瞑《つぶ》って、よいことをイメージする」というようなことを言う人もいますが、そんなことをしても絶対に解決にはなりません。不安の原因をひとつひとつ抽出し、書き出すなどして整理し、それぞれ対処法を探していく。そういう作業をしてください。

ストレスはたまらない

ストレスについても、同様のことが言えます。

二〇一五年一二月、従業員五〇人以上のすべての事業所で、ストレスチェックが義務づけられるようになりました。それだけ、ストレスが社会問題化しているのでしょう。

ストレスとは、簡単に言えば「自分ができると思っていること」と「やらなければいけないこと」の差によって生じます。たとえば、「ここに二時間座っていなさい」と言われたら、たいがいの人はできるはず。これが一〇時間になるとどうか。「いやだなあ」と感じるでしょう。それがストレスです。

「ストレスがたまって……」

そういう話をよく耳にします。でも、理論的にはストレスは「たまる」ものではありません。

いくつかのストレスが並行して生じている状態。おそらくそれを「たまる」と表現しているのだと思います。

たとえば、仕事がうまく進まない、夫婦間にトラブルがある、お金に困っている……それらが合算されて、ごちゃまぜになっているから、どうしていいかわからなくなるのです。

ですから、「ストレスがたまっているな」と感じたときは、漠然とした不安に襲われたときと同じく、何がストレスになっているのか解きほぐし、その原因を探すことが肝心です。そして、原因がわかったら、ひとつひとつ対応していくことです。

ストレスを「挑戦」と受け止める

人は、環境からの情報（ストレッサー）に対して自分自身がどのように反応するかにより、それがストレスであるかストレスでないかを決定します。

たとえば、運転中にクラクションが鳴ったとします。周りを確認してみたところ、友人が手を振っていた。となれば、クラクションはストレスではなくなります。反対に、後方からサングラスをかけたこわそうな人が睨《にら》みつけている姿をバックミラー越しに確認したときには、それが脅威となり、ストレスとなる可能性があります。また、やさしげに「もう少し左に寄ってください」という仕草をされたときには、車をもっと左に寄せることができるかという「挑戦」と受け止めることになります。

クラクションという環境からの刺激をどのように受け止めるかはあなた次第です。睨みつけられても、なんとも思わないのならクラクションはストレスにはならないでしょうし、もっと左に車を寄せる自信がなければ、脅威となるでしょう。

もっともよいのは、ストレスを「挑戦」と受け止められることです。挑戦と受け止めることにより、注意・集中力が高まり、やる気も高まるとされていますし、勇気も出ると言われています。

ラグビー日本代表の場合で言えば、エディさんからの厳しい言葉を「脅威」ととらえるか、「挑戦」と受け止めるかは選手次第です。三一人の選手のなかにはまったく何も言われない選手もいましたが、つねにいろいろ声を掛けられていた選手もいました。しかし、エディさんの言葉を「挑戦」と受け止めることができたからこそ、自分を成長させることに成功し、代表メンバーに入れたのだと思います。

ミスを引きずらず、次を考える

ワールドカップ前、ラグビー日本代表の最後のミーティングで全員に言ったことがあります。

「ミスをしたらどうするか、その結果、パニックになったらどうするか」

過去を変えることは誰にもできません。ですから、ミスをしたという事実を変えることは不可能です。たとえ自分のミスが相手のトライにつながったとしても、「ああ、どうしてあんなミスをしてしまったのだろう」と後悔したところでトライは消えません。

そもそもラグビーというスポーツは、たとえばボールを落としても、ボールを放ったほうが悪いのか、それとも取れない場所に行った選手が悪いのか、わかりにくい。もしかしたら、はじまりのプレーからズレがあって、フェイズを重ねていくうちにズレがどんどん大きくなってノックオンにつながったのかもしれない。

ならば、ミスはとりあえず忘れて、いましなければいけないことに頭を切り替えるしかない。「どうしよう」などと考えている暇があるならば、次に自分が果たすべき役割は何かを考える。もしパニックになってしまって、サインがわからなくなったら、周りの選手に聞けばいい。「おれ、ここにいていいのか?」「どこに行けばいいんだ?」と、確認すればいいのです。

もちろん、ミスを引きずらないようになるためには訓練が必要です。日本代表の選手たちは、そのための訓練を徹底的にしてきました。

思考ストップもそうですし、エディさんは、練習中にミスが起きたら、ボールが落ちた時点で「ピッ!」と笛を吹いて、即座にストップさせました。そして、全然違うところにボールを転がして、新たな練習をはじめるのです。

必要な場合には練習のあとで「あそこはこういうふうにしたほうがよかった」とか、みんなで話し合うこともありましたが、基本的にはミスをしたら、「ハイ、次!」という感じで、ミスを気にしている時間を与えませんでした。

だから、たとえば五郎丸選手は、キックをはずしてもなんとも思いません。すぐに次のプレーに備えることができるようになっています。

「ピンチのときこそ笑え」はウソ

最近、高校野球などでピンチになると選手がマウンドに集まって深呼吸をしたり、笑ったりする光景をよく見ます。昔の監督はいつも怖い顔をしていたけれど、最近はいつも笑っている監督も増えたように思います。

どんな苦境にあっても、楽観性を忘れないというのは非常に大切です。

「絶対にこの状況を切り抜けることができる」「なんとかなる、大丈夫」

そう思うことが、苦しい状況においては必要だというのは理論的にも正しいことがわかっています。

また、笑うことで身体がリラックスしてスムーズに動くとも言われています。ちょっと違う例かもしれませんが、モーリス・グリーンという陸上一〇〇メートルの選手は、舌を出して走っていました。そのせいで「ふざけている」と批判されたこともあったのですが、あれは舌を出すことで顎の筋肉に力が入らず、身体全体がリラックスするからだと言われています。歯を食いしばるとどうしても身体全部が力んでしまってうまく動かなくなる。それを避けるためなのです。

ソウル・オリンピックの女子一〇〇メートルなどで三つの金メダルを獲得したフローレンス・ジョイナー選手も、「走るときに笑っている」とよく指摘されました。野球などで、ガムを噛む選手が多いのも同じ理由だと思います。

ピンチのときは、どうしても「どうしよう」と思いがちだし、身体も固くなって動きにくくなります。そこでいったん笑うことで身体をリラックスさせて、「さあ、何をしなければいけないんだ？」とリセットするのはいい方法だと思います。一種のデュアリング・パフォーマンス・ルーティンと言えるでしょう。

ただし、これも「何のために笑うのか」を理解していなければ効果は望めません。そのうえで、

「ピンチになったら、必ず一度みんなで集まって笑う」

そう決めて行うことが必要です。

「ピンチのときにはとりあえず笑え」と監督に言われたから笑うくらいなら、何をしたらいいかみんなで考えたほうがよっぽどいい。私はそう思います。

自分より「ちょっとできる人」を探す

ある取材を受けたときに記者さんが言っていたのですが、いまの若い人は会社でミスをすると、すごくへこむそうです。女性のなかには泣いたり、何も手につかなくなったりする人も少なくないようです。

「その時間がもったいないじゃないですか。泣いている時間があったら、次のことをやったほうがいいじゃないですか」

そう問いかけたら「ドライですね」と言われました。

「世の中の女性は、そんなにドライじゃないですよ」って……。

でも、ミスの原因が自分の能力が足りないとか、準備が不足していたのであれば、そこを補えば前に進むことができるでしょう。

スポーツと違って、一般的な仕事や日常生活においては、たとえミスをしてもたいがいは瞬時に切り替えなくてもいい。時間があります。であれば、なぜミスが起こったのか、失敗したのかを考え、次はそうならないよう準備をすればいい。

どうすればいいのかわからないのなら、周りの人に聞けばいいし、教えてもらえばいい。そうしないから、同じミスを犯してしまうのです。人の助けを借りずにひとりで考えてまた失敗したら、もっとへこんでしまう。すると、失敗から回復するのにもっと時間がかかってしまいます。人に聞くというのも、ひとつの能力であり、スキルなのです。

日本のラグビー関係者の間にもそういうメンタリティがあります。各チームの指導者が代表の合宿を見に来るどころか、テストマッチにすらやってこない。自分のチームを強くしたいと思うなら、代表の合宿を見学して、聞きたいことがあれば聞けばいい。代表が弱かったときならいざ知らず、エディさんが就任してから右肩上がりに強くなってきたのに、その理由をどうして知ろうとしないのだろうかと、私なんかは不思議に思っていました。

チームワークは日本人の長所だとよく言われますが、研究では決してそうではない。どちらかといえば、個人でなんとかする、しなければいけないと考えるのが日本人です。もっている情報をシェアしないし、見て覚えるという意識が強くて、手取り足取り教えることもしない。

助け合うということなら、アメリカ人のほうがよっぽどチームワークに優れている。アメリカ人にかぎらず、西洋の人間は、たとえ上司やコーチのような目上の人間に対しても、対等に話し合うことができます。部下や選手は自分の考えをはっきりと述べるし、上司やコーチもそれを歓迎する。

対照的に日本では、監督や上司の前では「はい」「いいえ」しか言えない雰囲気がある。

エディさんも、選手の意見を聞きたいと思うのに、選手は直立不動で、うまくコミュニケーションをとれないこともしばしばでした。

会社でも、そういうことはよくあると思います。ミスをしたら上司のデスクに呼ばれて叱責を受ける。「どうすればいいのか、どうしたらうまくいくのか」というアドバイスはあまりなく、「自分で考えろ」と突き放される。これでは、自分のデスクに戻ってひとりであれこれ考えても、また失敗してしまうと私は思います。

そもそも、その上司だって最初から何でも完璧にできたわけではないはずです。ならば、ちゃんとやり方を教えてあげて、できるようになるのを待ってあげる。そういうことが必要だと思うのです。

ラグビー日本代表では、廣瀬選手の提案でいわゆる「メンター制度」も取り入れました。ベテランの選手やある程度代表でキャリアのある選手と、若い選手やはじめて代表入りした選手をバディ（相棒）として二人一組、あるいは三人一組でチームにしたのです。

代表は選手の入れ替わりが激しかったので、はじめて合宿に来たら、フォーメーションがわからないし、エディさんが何を求めているかも理解できない。それで、練習の前後にバディ同士で話し合い、「今日の練習の目的はこういうことだ」と確認し、終わったら練習を振り返って、「ここはよかった。あそこはこうだったから、明日はこうしてみよう」とか、そういうことを意識的に行いました。ひとりで考えていてもわからないことばかりだし、わからなければスルーしてしまう。それではお互いのためにもならない。二人とか三人ならやりやすいと考えたのです。

また、理論的にも、自分よりちょっと上の人ができている姿を見ていると、「自分にもできる」という自己効力感が生まれるとされています。

「自分も、あのようにやったらできるんだ」

そう感じることができる。自信が生まれるのです。

その意味で、先輩でも同僚でも友人でもいいから、「自分よりちょっとできるな」という人をみつけ、観察してみるのも、自信をつけるにはいい方法だと思います。

第五章　受け止め方を変えるメンタルスキル

プレッシャーは自分がつくるもの

高校一年生のとき、私は地元京都で開かれる国体に出場しました。少年Bというカテゴリーの一〇〇メートルのランキングで全国三位でしたから、地元優勝を目指す京都選手団から、最悪でも三位以内を期待されていました。

ところが、予選のレースでまさしくチョーキング状態になりました。号砲が鳴り、「よし、行くぞ！」と思った瞬間、身体が固まってしまったのです。

一歩目がうまく踏み出せませんでした。一〇〇メートルという競技は、スタートで失敗すればもう挽回できません。結局、〇・〇一秒差で準決勝にさえ進めませんでした。ショックでした。もうやめようかと思った。

どうしてそうなったのか。

周囲の「期待」を重荷に考えていたからです。選手団のなかでは最年少だった私は、メディアからもたくさん取材を受けました。当時の私にとっては、そういうことが大きなプレッシャーとなっていたのでしょう。自分の周囲でわけのわからないことが起きている。何が起きているのかさえわかりませんでした。

「こういうときはこのように答えればいい」というふうに教えられたり、誰かが整理し、守ってくれていれば、結果は違ったと思います。

でも、みんな「がんばれ」「ガンバレ」としか言わない。

「がんばっているのに、さらにがんばれと言われても……」

どうしていいのかわかりませんでした。

もしあのとき、そうした「期待」をプレッシャーに感じるのではなく、

「みんなが注目する、それだけすごい選手なんだ」

というメッセージに変換できていればどうだったか。重荷に感じることなく、ドキドキすることもなく、したがってチョーキングに陥ることもなかったでしょう。私は自分でプレッシャーをつくっていたのです。

プレッシャーというものは、見ることはできないし、触ることもできません。本人の受け止め方の問題なのです。

自分が受容していることが行動に出る。前にそう言ったと思います。自分がその状況をいかに受け止め、認知するか。それによって行動は変わってきます。本人がどうとらえるかで、マイナスにも作用すれば、プラスにも作用するのです。

ワールドカップに出場して、みんなが応援してくれる。期待してくれる。それを「重圧」と悲観的にとらえれば、身体が動かなくなるかもしれません。

でも、

「ワールドカップだからこそ、日本を代表しているからこそ、これだけの応援と声援を背負うことができるんだ。だったら、これを楽しむしかない。これだけ準備してきたのだから、できるはずだ」

そう楽観的に思うことができれば、勇気が湧いてくる。「やってやろう！」とモチベーションに変換することができる。

プレッシャーが重圧になるか、それともエネルギーになるか。それはあなた自身がどう受け止めるかにかかっているのです。

「失敗」を「いい経験」ととらえる

失敗を恐れる人は、自分自身への疑いと不安を抱いています。失敗したのは自分の能力が低いからだと思い込み、成功しても運がよかったとか、相手に恵まれたと考えがちです。

そうなると、「いくらがんばってもどうせダメだ」と思い込み、それ以上努力することをしなくなるだけでなく、失敗したときの言い訳を用意するようになります。

しかし、努力を厭うようになれば、ますます失敗する確率が高くなるのは道理。では、どうすれば、そういう負のスパイラルともいうべきものから抜け出すことができるでしょうか。

ミスや失敗も、やはり受け止め方で変わってきます。うまくいかなかったことを「失敗」と呼んでしまえば、次に同じような場面を迎えたときに怖じ気づいてチャレンジするのが怖くなる。でも、「経験」と思うことができれば、次の成功へのステップにすることができるでしょう。「失敗」と考えれば、後悔するか、そのままスルーしてしまうけれど、「経験」ととらえれば、うまくいかなかった原因を探り、対策を考えるはずです。

たとえば離婚をどうとらえるか。日本人は、「バツイチ」という言い方をよくしますが、「結婚に失敗した」という表現をすることが多い。ところが、アメリカ人は「離婚をしたからこそ、いまの伴侶《はんりょ》に出会うことができた」という言い方をします。あるいは、「前の経験から、いまのパートナーとケンカをしない術《すべ》を学びました」とか……。

つまり、離婚＝失敗とはとらえず、自分がよりハッピーになるための過程ととらえるのです。対して日本人は、「前で懲《こ》りたから、もう結婚はいいです」となる。

どちらが健康的であるか、次につながるか、言うまでもないでしょう。うまくいかなかったときは、「失敗した」ではなく、「いい経験をした」と言うようにしたいものです。

厳しい叱責でへこんだときは

エディさんは、しょっちゅう怒りを爆発させました。しかも、叱るときは口が悪い。一般の人からすると、「大丈夫なのか」と思うに違いないような激しい叱責の仕方をすることも、正直ありました。

念のために断っておきますが、その裏には選手に対する愛情がありました。心底、選手たちを大切にしていた。エディさんが選手のことを「自分の子どもたち」と思っていたことを私は知っています。彼が日本を去る前日、一緒にお昼ごはんを食べたのですが、しきりに言っていました。

「終わってしまって寂しい。自分にはたくさんの息子がいた感じだったんだ」

叱った選手に対してはほったらかしにせず、あとで個人的に話をするなどして、必ずフォローアップをしていました。

それはともかくとして、ヘッドコーチという上司に叱責されたとき、あなたならどう考えるでしょうか。これもまた、受け止め方次第でプラスにもマイナスにもなると思われます。

エディさんに叱られた選手は、悔し涙を流したり、スパイクを叩きつけたりすることもあった。でも、ほとんどの選手はしばらく経つと、

練習中の選手たちに、エディ・ヘッドコーチの叱責が容赦なく飛ぶ

「言われてみれば、あそこでこうしなかったのが悪かったんだな。明日はやってみよう」と、素直に気持ちを切り替えていました。人のせいにすることは絶対になかった。エディさんの怒りを自分のなかで消化し、逆バネに変えていました。

ＮＨＫのドキュメンタリーで、神戸製鋼の山中《やまなか》亮平《りょうへい》選手に向かって、エディさんがものすごい形相で「ヤマナカ、ダッシュ！」と叱っている映像がありました。ふつうなら、ものすごく傷つくところです。

でも、みんな「ヤマナカ、ダッシュ！」をいわばギャグというかネタにして、山中選手を励ますために使っていました（山中選手自身も、日本代表に向けた応援メッセージビデオのなかで、自らギャグにしていました）。

ほかにも腹が立つことを言われたときは、たとえばウェイトトレーニングのとき、その言葉に「エンジョイ」をつけて、合い言葉にしてトレーニングする姿もよく見ました。なかには、「殺す」といつも口にして、自分を鼓舞《こぶ》する選手もいました。

上司に厳しく叱られた。そのとき、「おまえは無能だ」と言われていると考えてしまえば、ショックでつらくなります。へこみますし、自信もなくなります。

でも、「励まされている」ととらえれば楽になるし、「よし、がんばろう」とモチベーションを上げることもできます。

たとえ「無能だ」と叱責されたとしても、それを、

「おまえはもっとできるんだ。だからがんばれ」

というメッセージに変換できれば、その後の行動は違ってくるでしょう。

場合によっては、明らかに上司の言うことのほうがおかしいこともあるかもしれません。単に感情を爆発させているようにしか見えないこともあるでしょう。納得できないときもあります。

とはいえ、上司をすぐに変えることはできない。それは部下である自分がコントロールできることではありません。ならばこちらの受け止め方を変えて、「ああ、また来たか」と聞き流せばいい。あるいは、上司の怒りを鎮めるためにはどう答えたほうがいいのか、あらか

じめ用意しておくのです。

あえて「グレーゾーン」をつくる

完全主義の人は、白黒をはっきりさせないと気が済まない傾向があるように私は思います。何でも完璧にしないとすべて失敗というふうに……。アスリートでいえば、勝つか負けるかどちらかしかないと思い込んでいる。

そんな選手には、こう提案することにしています。

「グレーゾーンをつくりませんか？」

かりに負けたとしても、それを経験ととらえることができれば、次につながります。勝ち以外、成功以外は全部ダメと考えると、ダメなことばかり増えてしまいます。そうなっては自分自身がつらくなってしまう。

前に述べたシンガポールのセーリングの選手にも「グレーゾーンをつくろう」と提案しました。

「勝たなきゃいけない、負けては意味がないと思っていると、楽しくないし、どっちが正しいか、間違っているかという問題になって、ケンカになってしまう。グレーゾーンを持つことも必要なのよ」

スポーツであるから、勝ち負けは大切です。勝たなきゃ意味がないと、みんな思っている。でも、そこばかりに焦点を当ててしまうのは心理的に不健康であるということは理論的にも明らかになっています。

勝ち負けしかないと考えると、「負けたのは、誰々が判断を間違えたからだ」と人のせいにしかねません。そうではなくて、物事の考え方にはいろいろあって、「これでダメだったら、別の方法でもいい」と考えられるグレーゾーンを自分のなかで持っていないと、結局は自分がしんどくなる。部分部分は満足できなくても、トータルとしてOKという場合もある。それは、ごまかしているわけでも、サボっているわけでもない。だから、少しゆとりをもって、たとえ相手が自分とは違う考えを持っていても、それではダメだと考えないで、「まあ、やってみよう」と思ったほうが楽になる――セーリングの選手にはそんなことを言いました。

自分の価値観をどこに置くか

自分がいる場所が、自分に合っていない。会社においてはよくあることです。コツコツと事務仕事をやるのが性に合っているのに、営業に回され、飛び込みで売りこまなければならない。ノルマも課される。

それが苦痛で、当然成績も上がらず、上司には叱られる。自分でどうしていいかわからず、出社するのが嫌になり、最悪の場合、自殺まで考えてしまう。

起こらないことではありません。私もそれに近い人を何人か見てきました。セクハラやパワハラ、マタハラといったハラスメントで悩んでいる人もすごく多いと思います。

冷たい言い方になるかもしれませんが、そういうケースは環境を変えるしかありません。でなければ、本人がかわいそうですし、会社の益にもならないでしょう。

実際、環境を変えることで、驚くほど生き生きとすることがあります。自分が持っている資質と環境が合致すれば、持てる能力を存分に発揮できるのです。

ですから、その人間の特性をよく見て、それが活かせる場所、場面、舞台を与えるのは採用した側の責任と言ってもいい。もし、自分から主張できるのであれば、「部署を替えてください」とはっきり言うべきだし、周りもそれを受け入れる土壌をつくる必要があると思います。とくにハラスメントの場合は、誰かの応援を得るなどして、なんらかの声をあげることが重要です。

環境を変えるには、自分から会社を変えるのもひとつの方法です。

とはいえ、現実には自分から「部署を替えてほしい」と言い出すのはためらわれる雰囲気があるかもしれません。かといって、生活があるし、世間体もあるから、会社を辞めるわけにもいかない。

すぐに部署を替えてもらうことができないし、会社を辞めることもできないのなら、こちらの受け止め方、もしくは気持ちの持ちようを変える。それしか方法はありません。言葉を換えれば、

「自分の価値観をどこに置くか」

ということです。

仕事はお金をいただいている対価と考えて割り切るのもひとつの手でしょうし、会社以外のところでの活動や趣味などに生き甲斐ややり甲斐をみつけるのもいい。

また、廣瀬選手のところ（第二章）で述べたように、「自分から辞めてやる」という選択肢を持っておくことも、悪くない。自分が選択肢を持ち、いざというときは自ら決定することができると思えば、覚悟が決まるし、打ちのめされることはない。不当な扱いに対しては抗議しやすくなる。少なくとも、生きていくうえでのモチベーションが下がることはないはずです。

じつは私も子どもができたとき、マタニティ・ハラスメントを受けた経験があります。幸い、応援してくれる人もいて、職場にかけあってもらったりと、そういう人たちにずいぶん助けられて切り抜けることができました。「訴えたら」とも言われましたが、それには多く

のエネルギーを割かなければならないし、当然、お腹の子どもにも影響するだろう。そう考えて私の場合は「子どもの命を守る」ことに最大の価値を置いて、職場から距離を置くために休職したのですが、これからも同じような体験をする人がたくさん出てくると思うので、できるかぎり声をあげていきたいとは思っています。

くよくよするなら、とことんまで

失敗したり、悲しいことがあったりすれば、誰だって落ち込むときはあります。そんなときは、とことんくよくよするのもいいと思います。お酒の力でも借りて、泣くだけ泣いて、引きこもって、ずっとへたり込んで……。そうやって落ち込むだけ落ち込めば、あとはもう前を向くしかないし、手を差し伸べてくれる人も絶対にいます。

スポーツの試合では、たとえ大きなミスをしてもいちいち落ち込んでいるわけにはいきませんが、日常の生活においては、必ずしもすぐに立ち直る必要はない。ある程度の時間がありますし、時間が問題を解決してくれることもあります。

実際、ストレスをマネジメントする方法として、「あきらめる」ということがあります。あまりいい方法でないとは言われていますが、それもひとつの手なのです。

もっと言えば、どんな失敗をしても、命を取られるわけではない。かりにそのせいで会社を辞めざるをえなくなっても、いまの日本なら余程のことがない限り食いはぐれることはないでしょう。そう考えれば、気持ちが楽になりませんか？

「困難なことにぶつかり、そこから立ち上がろうとするとき、どうしますか？」

テレビのインタビューでそう聞かれたリーチ選手は答えました。

「最悪の場面を考える」

つまり、自分が経験したいちばんつらかったときを思い出し、

「あのとき、あれだけがんばることができたのだから、今回もできるはずだ」

そう考えるのでしょう。そうすると「メンタルが楽になる」と話していました。

私もアメリカに留学していた時期のことを思い出すときがあります。とにかくお金がなかったから、生活は悲惨でした。節約のため、ご飯は一日一回だけ。しかも、主食は一〇袋で一ドル二〇セントのインスタントラーメンです。毎日、夜一二時まで大学の図書館で勉強して、帰ってきてからインドネシア人のルームメイトと一緒にそのラーメンを食べました。その後は翌日の夜一二時までまた食事抜きです。体重が三八キロくらいまで落ちて、それこそ骨と皮だけになってしまいました。

あのころに較べればいまは、決して裕福ではないけれど、少なくとも食べるのに苦労はしないし、仕事だってある。どんなつらいことに直面しても耐えられる自信があります。

シンガポールの大学で専任講師になったときは、契約はとりあえず三年間だったのですが、マイコプラズマ肺炎を患ったこともあって、契約を更新するどころか、二年で退職し、帰国しました。

日本での就職のあてはなかった。だから、相談した人たち全員に反対されましたが、結局は自分の人生ですから、帰国を決断しました。日本では、履歴書に空白の期間があるのは好ましくないとされるのもこのときにはじめて知りましたが、社会的な評価はどうでもよいと割り切りました。

もともと日本では職が見つけられずにシンガポールに行ったのですから、帰国してももちろん無職の日々が続きました。それでも、あのときあきらめて帰ってきてよかったと、いまでは思うことができます。結局は日本で就職もできましたし、ラグビー日本代表の仕事をいただき、自分のチカラを試せることにもなったのですから……。人生なんとかなるものです。

求めすぎないことが大切

思うのですが、人々は「夢」を見すぎている傾向があるのではないでしょうか。

「もっと楽しい人生が送れるはずだ」「もっといいものができるはずだ」「もっと裕福になっ

ていいはずだ」というふうに……。

私のゼミの学生にもよくいます。

「すごくがんばったのに、できません」

「もういいから、提出しなさい。もうこれがあなたの限界。これでいいから」

そう言うと、

「いや、もっとできるはずだから」

もちろん、そう考えるのは悪いことではないのですが、過去一〇年くらいを振り返ってみて、みなさん、そんなに素晴らしい日々が続いていたでしょうか。そんなことはないのではないですか？

だからこそ、「もっともっと」と望むのでしょうが、往々にしてそういう人は誰かが、環境が「なんとかしてくれる」と思っていることが多い。そうしてくれるのを待っている。そういう傾向が多々あるのではないかと感じます。

でも、環境は自分でつくっていくしかない。自分が変わらなかったら、何も変わらないのです。そういうプロアクティブ（率先的）な行動をとらないで、ただ待っているだけでは、「もっと」と望んでも得られるものではありません。

いま自分ができることを精一杯やっていけば、ストレスも少なくなるし、失敗することもそうはない。それでいいんじゃないかとも思うのです。そんなに多くのことを求めなくても、と……。

五郎丸選手は、母校早稲田大学での講演でこう語ったそうです。

「どんな環境であれ、目の前のことに対して百パーセントできるか。環境がよかろうと、悪かろうと、目の前のことに対してしっかりコミットできるかどうかが、将来を切り開けるか切り開けないかに直結してくると思う」

おわりに――ラグビー日本代表がもたらしたもの

なぜ私がラグビー日本代表のメンタルコーチになったのか。

理由はいまだにわかりません。

発端は、代表総務の大村武則《おおむらたけのり》さんから突然かかってきた電話でした。

「選手のメンタルの強化をできる人を探しています。面接に来てください」

人選にあたっての条件は、「英語と日本語をきちんと使えること」「学問をベースに心理学を研究していること」、それから「ラグビーでコンサルティングをした経験があること」など、いくつかあったようです。たまたま合致した候補のひとりが私だったというわけです。

それで東京に出かける機会を利用してエディさんに会って、一時間ほど話をしました。そしたら、「興味があったら合宿に来ませんか？」というメールが来た。菅平《すがだいら》で行われていた代表の合宿へ行って、三日間ほど観察し、レポートを提出したら、「一緒にやりましょう」ということになったのです。

もともとラグビーは、私にとって身近なものでした。元日本代表のプロップで、いまはヤマハ発動機ジュビロのコーチをしている長谷川慎《はせがわしん》は幼なじみだし、伏見工業高校ラグビー部総監督の山口良治《やまぐちよしはる》さんは母親の先輩。弟・雄一朗《ゆういちろう》もラグビー選手でした。

はじめは大学の仕事とのかねあいで、正直、時間的、肉体的に難しいかなと思いました。でも、勝ったことのないチームを勝たせることにはやりがいがあると感じたし、弟に「あんたは脳みそにいろいろなことが詰まっているのに、その出し方を知らん。この仕事をしなかったら、ほかに何をするねん」と強く勧められたこともあって、引き受けることにしました。

私が選ばれた理由を、エディさんに直接聞いたことはありません。だから、いまだに謎なのです。エディさんは自分のジグソーパズルを持っていて、自分の目指す志向や感覚に合っていて、期待に沿った仕事をしてくれるであろう人をピースとして当てはめていくので、私がそれにうまくはまったということだと思います。

エディさんがコーチを務めてきたチームには、必ずメンタルコーチがついていたそうです。でも、それまでラグビー日本代表にはいませんでした。ラグビー日本代表にいなかったというよりも、日本のほとんどすべての競技のチームにはメンタルに関する専門家がいなかったのではないかと思います。

なぜか。

ひとつは、「アスリートはメンタルがもともと強い」という思い込み。でも、すでに述べたように、現実はアスリートも一般の人もメンタルの強さは変わりません。アスリートだからといって、心理的にタフだとは言えないのです。

もうひとつは、「競技レベルが高くなれば、それに伴ってメンタル力も上がる」という勝手な期待。これも間違いであることは、いくら世界トップクラスの選手であっても、オリンピックのような大舞台になると実力を発揮できないという事実が証明しています。

そして、指導者が「リラックス」「集中」と言えば、それができる方法をアスリートがわかっているだろうと仮定していること、「メンタル＝根性」と短絡的にみなしていることも大きな原因です。

ですが、なんといっても最大の理由は、指導者がメンタルトレーニングを軽視していることです。というか、「選手のメンタルのことは自分がいちばんわかっている」と思い込んでいる。だから、その必要性を認めない。

「研究ばかりしている専門家よりも、元選手で、現場を見ている自分のほうがわかっている」

そう考えているのです。

しかし、それは違うと私は思います。たいがいの指導者は、「あいつはいま、こういう状態だ。だったら……」と、自分の感覚をもとに選手に接します。

でも、研究では、監督が言っていることに選手がどれだけ賛同するかといえば、たった三割という結果が出ています。逆に言えば、七割は選手のことを誤解していることになる。でも、監督やコーチは、選手のことを百パーセント理解していると思い込んでいる。気づいていないのです。

そのギャップを埋めることができるのが、私たちのようなメンタルの専門家だと思います。スポーツ心理学を学び、研究してきたことで、見えてくるものはたくさんあるのです。日本では、選手が引退した翌日から監督やコーチになるケースが少なくありません。しかし、選手として自分の身体を使ってパフォーマンスをするのと、選手をコーチすることは本来、まったく別のことであるはずです。中学校や高校の部活動では、学生時代に陸上競技部だったからという理由だけで、陸上部の顧問にさせられる先生がたくさんいます。

コーチングについて何の勉強もしていない元選手がいきなり指導者になるということは、平日はサラリーマンをしている野球好きのおじさんが休日に少年野球の指導をするのと同じこと。ましてやその選手のキャリアを左右する高校や大学の期間を素人が教えていいわけがない。私はそう思います。

極端な話、体罰が起きるのも、監督がどうしたら選手のモチベーションを上げられるか知らないことに原因がある。どうやってコミュニケーションをとれば選手が納得するか、その方法を知らないから、手が出てしまうわけです。

ですから、コーチは指導法について学ぶよう心がけるべきですし、そのような機会を与えてもらうべきです。少なくともメンタルや栄養学などについては、専門家の手を借りて、任せるようにすれば、監督やコーチ自身も選手やチームをもっと余裕をもって見られるのではないでしょうか。

二〇一五年のラグビー・ワールドカップ。過去七大会で一勝しかしていなかった日本代表は、三勝をあげました。そのなかには、ワールドカップで優勝二回、二五勝、最高勝率を誇っていた南アフリカを倒した〝史上最大の番狂わせ〟もありました。

歴史はたしかに変わりました。でも、五郎丸選手が最終戦となったアメリカ戦後に語っていたように、われわれの目標はあくまでもベスト8だった。だから、それが叶わなかったのは――グループリーグで三勝をあげながら決勝トーナメントに進めなかったのは大会史上初のケースだったとはいえ――やはり残念な気持ちがあります。

もちろん、選手もコーチもスタッフも精一杯の準備はしました。与えられた条件、状況のなかで全力を尽くしたという自負がある。その一方で、

「もっとやれたことがあったのではないか」

という思いも、私には拭いきれません。

たとえば、南アフリカに勝ったあとのスコットランド戦。日本は一〇対四五と大敗しました。試合の間が三日しかなかったということで、「疲労を考えればしかたがなかった」という評価がなされていますが、日程については事前にわかっていた。ですから、そのことを想定してある程度の準備はしました。そして、実際にデータ上ではフィジカルの疲労はちゃんと回復していたのです。

ただ、じゃあその三日間の過ごし方について、どこまで具体的に対策を考えていたかといえば、やはり疑問が残ります。私が南アフリカ戦後に帰国したこともあって、スコットランド戦に向けて、メンタル面でどのような準備をし、起きるであろうことに対処・対応していけばいいのかということについては、具体的に詰めきれていなかった。

たとえば、南アフリカに勝利したら、取材メディアの数が一気に増えるだろうし、祝福や激励のメールなんかもたくさん届くだろう。でも、そういうものは試合に集中するうえでは邪魔になりかねないので、「自分の時間の使い方をうまくコントロールすることが大切で

す」というようなことは、選手たちに伝えてはおきました。

けれども、勝利した瞬間から、私のスマホにすら、何百通というメールや取材の申し込みが殺到しました。当然、選手たちはそれ以上だったと思います。

「ケータイが壊れるんじゃないか……」

五郎丸選手は思ったそうです。

さすがにそこまでの事態は想定していなかった。予測することはできませんでした。想定以上のことが起こってしまったのです。

ひと足先に帰国してからも、メールなどで毎日のように選手たちとやり取りをしていたのですが、彼らはベスト8を目標に置いているので、南アフリカに勝ったといってもメンタル面で変化は感じませんでした。次の試合にベストのパフォーマンスができるよう準備をしようと、気持ちを切り替えたはずです。それができるだけの訓練をしてきましたので……。でも、予測をはるかに超えた事態が起きてしまったので、それに対する具体的な詰めが甘かった、もっと詰められたなと、あらためて感じるのです。

せめて食事についてはなんとかできなかっただろうか。サッカーの日本代表には専属シェフが帯同していますが、ラグビーにはついていません。大会中はロンドンの日本料理店の方が週二回やってきて日本食をつくってくれましたが、南アフリカの試合で消耗した心身の回復のためにも、もう少しなんとかならなかったかとあらためて感じるのです。

試合においても、思うような展開にならないので、みんなが個人でなんとかしようとしすぎて、連携がうまくとれなくなってしまった。こういう状況では何をするのか、それを考える冷静さを失ったところも見られました。

とはいえ、この大健闘であらためてメンタルの重要性がクローズアップされました。日本ではまだまだ発展途上のスポーツ心理学ですが、欧米では一九世紀後半から研究分野が確立され、とぎれとぎれではありましたが、とりわけ北米や東欧で盛んに研究活動が行われました。

そして、一九七〇年代より急速に旧東ドイツやアメリカでの研究が進み、さらに一九八〇年代に入るとアメリカのオリンピック協会がスポーツ心理学の専門家を専属で雇用し、ロサンゼルス・オリンピックで大成功を収めました。近年は中国や韓国においてもスポーツ心理学が積極的に活用されていて、国際大会における両国の、日本をしのぐほどの成績は、このことと決して無縁ではありません。いまや、アスリートにとってメンタルトレーニングは欠かせないものとしてとらえられるようになっています。

日本のスポーツ界においても、トレーニングの方法やバイオメカニクス、アスレティックトレーナーの分野は発展しています。日本スポーツ心理学会という組織ができて、すでに四〇年以上が経ち、学会が認定するスポーツメンタルトレーニング指導士も約一二〇名います。しかし、情報発信が充分でなかったこともあり、これまであまり注目されませんでした。

一方、スポーツ界の意思決定機関においても、スポーツ科学は決して重視されていません。スポーツ科学を通してサポートできることはたくさんあるのに、それを受け入れ、活用しようという意識や体制——対価を支払うということも含めて——が整っているとは言えないのです。

そうした旧態依然の認識をあらため、そこにもっと価値を認めれば、絶対に日本のスポーツは強くなる。

ラグビー日本代表の活躍でスポーツ界全体が「マインドチェンジ」することを期待するとともに、私たちの側からもその重要性をいま以上にアピールしていきたい。本書を書き終えたいま、その決意を新たにしているところです。

二〇一六年一月

荒木香織

編集協力／メディアプレス
藤田健児

荒木香織

1973年、京都市生まれ。兵庫県立大学環境人間学部准教授。京都女子中学・高校から日本大学文理学部在学中は、短距離陸上選手としてインターハイ、国体などに出場。その後、スポーツ心理学を学び、ノーザンアイオワ大学大学院で修士、ノースカロライナ大学大学院グリーンズボロ校で博士課程を修了。エディ・ジョーンズHC（ヘッドコーチ）に請われて、2012年から2015年までラグビー日本代表のメンタルコーチを務めた。

講談社＋α《プラスアルファ》新書　**720-1 A**

ラグビー日本代表《にほんだいひょう》を変《か》えた「心《こころ》の鍛《きた》え方《かた》」

荒《あら》木《き》香《か》織《おり》

2016年2月18日第1刷発行
2016年3月18日第5刷発行

発行者———— **鈴木 哲**

発行所———— **株式会社 講談社**
東京都文京区音羽2-12-21 〒112-8001
電話 編集（03）5395-3522
　　 販売（03）5395-4415
　　 業務（03）5395-3615

デザイン———— **鈴木成一デザイン室**

カバー&本文写真— **時事通信フォト**
共同通信イメージズ

カバー印刷———— **共同印刷株式会社**

印刷———— **慶昌堂印刷株式会社**

製本———— **牧製本印刷株式会社**

定価はカバーに表示してあります。
落丁本・乱丁本は購入書店名を明記のうえ、小社業務あてにお送りください。
送料は小社負担にてお取り替えします。
なお、この本の内容についてのお問い合わせは第一事業局企画部「＋α新書」あてにお願いいたします。

Printed in Japan
ISBN978-4-06-272929-1

講談社＋α新書

40代からの 退化させない肉体 進化する精神
山﨑武司
努力したから必ず成功するわけではない――高齢スラッガーがはじめて明かす心と体と思考！
840円 659-1 B

ツイッターとフェイスブック そしてホリエモンの時代は終わった
梅崎健理
流行語大賞「なう」受賞者―コンピュータは街の中で「紙」になる、ニューアナログの時代に
840円 660-1 C

医療詐欺 「先端医療」と「新薬」は、まず疑うのが正しい
上　昌広
先端医療の捏造、新薬をめぐる不正と腐敗。崩壊寸前の日本の医療を救う、覚悟の内部告発！
840円 661-1 B

長生きは「唾液」で決まる！ 「口《くち》」ストレッチで全身が健康になる
植田耕一郎
歯から健康は作られ、口から健康は崩れる。その要となるのは、なんと「唾液《つば》」だった!?
800円 662-1 B

マッサン流「大人酒の目利き」 「日本ウイスキーの父」竹鶴政孝に学ぶ11の流儀
野田浩史
朝ドラのモデルになり、「日本人魂」で酒の流儀を磨きあげた男の一生を名バーテンダーが解説
840円 663-1 D

63歳で健康な人は、なぜ100歳まで元気なのか 人生に4回ある「新厄年」のサイエンス
板倉弘重
75万人のデータが証明!! 4つの「新厄年」に人生と寿命が決まる！ 120歳まで寿命は延びる
880円 664-1 B

預金バカ 賢い人は銀行預金をやめている
中野晴啓
低コスト、積み立て、国際分散、長期投資で年金不信時代に安心を作ると話題の社長が教示!!
840円 665-1 C

万病を予防する「いいふくらはぎ」の作り方
大内晃一
揉むだけじゃダメ！ 身体の内と外から血流・気の流れを改善し健康になる決定版メソッド!!
800円 666-1 B

なぜ世界でいま、「ハゲ」がクールなのか
福本容子
カリスマCEOから政治家、スターまで、今や皆ボウズファッション。新ムーブメントに迫る
840円 667-1 A

2020年日本から米軍はいなくなる
飯柴智亮
聞き手・小峯隆生
米軍は中国軍の戦力を冷静に分析し、冷酷に撤退する。それこそが米軍のものの考え方
800円 668-1 C

テレビに映る北朝鮮の98%は嘘である よど号ハイジャック犯と見た真実の裏側
椎野礼仁
よど号ハイジャック犯と共に5回取材した平壌…煌やかに変貌した街のテレビに映らない嘘!?
840円 669-1 C

表示価格はすべて本体価格（税別）です。本体価格は変更することがあります

講談社＋α新書

50歳を超えたらもう年をとらない46の法則 「新しい大人」という50+《フィフティプラス》世代はビジネスの宝庫
阪本節郎
「オジサン」と呼びかけられても、自分のこととは気づかないシニアが急増のワケに迫る！
880円 670-1 D

常識はずれの増客術
中村元
資金がない、売りがない、場所が悪い……崖っぷちの水族館を、集客15倍増にした成功の秘訣
840円 671-1 C

イギリス人アナリスト日本の国宝を守る 雇用400万人、GDP8パーセント成長への提言
デービッド・アトキンソン
日本再生へ、青い目の裏千家が四百万人の雇用創出と二兆九千億円の経済効果を発掘する！
840円 672-1 C

イギリス人アナリストだからわかった日本の「強み」「弱み」
デービッド・アトキンソン
日本が誇るべきは「おもてなし」より「やわらか頭」！ はじめて読む本当に日本のためになる本!!
840円 672-2 C

三浦雄一郎の肉体と心 80歳でエベレストに登る7つの秘密
大城和恵
日本初の国際山岳医が徹底解剖!! 普段はメタボ…「年寄りの半日仕事」で夢を実現する方法!!
840円 673-1 B

回春セルフ整体術 尾骨と恥骨を水平にすると愛と性が甦る
大庭史榔
105万人の体を変えたカリスマ整体師の秘技!! 薬なしで究極のセックスが100歳までできる！
840円 674-1 B

「腸内酵素力」で、ボケもがんも寄りつかない
髙畑宗明
アメリカでも酵素研究が評価される著者による腸の酵素の驚くべき役割と、活性化の秘訣公開
840円 676-1 B

実録・自衛隊パイロットたちが目撃したUFO 地球外生命は原発を見張っている
佐藤守
飛行時間3800時間の元空将が得た、14人の自衛官の証言!! 地球外生命は必ず存在する！
890円 677-1 D

臆病なワルで勝ち抜く！ 日本橋たいめいけん三代目「100年続ける」商売の作り方
茂出木浩司
色黒でチャラいが腕は超一流！ 創業昭和6年の老舗洋食店三代目の破天荒成功哲学が面白い
840円 678-1 C

「リアル不動心」 メンタルトレーニング
佐山聡
初代タイガーマスク・佐山聡が編み出したストレスに克つ超簡単自律神経トレーニングバイブル
840円 680-1 A

人生を決めるのは脳が1割、腸が9割！ 「むくみ腸」を治せば仕事も恋愛もうまく行く
小林弘幸
「むくみ腸」が5ミリやせれば、ウエストは5センチもやせる、人生は5倍に大きく広がる!!
840円 681-1 B

表示価格はすべて本体価格（税別）です。本体価格は変更することがあります

講談社+α新書

タイトル	サブタイトル	著者	説明	価格	番号
医者任せが命を縮める ムダながん治療を受けない64の知恵		小野寺時夫	「先生にお任せします」は禁句！ 無謀な手術、抗がん剤の乱用で苦しむ患者を救う福音書！	840円	694-1 B
「悪い脂が消える体」のつくり方	肉をどんどん食べて100歳まで元気に生きる	吉川敏一	脂っこい肉を食べることが悪いのではない、それを体内で酸化させなければ、元気で長生き	840円	695-1 B
2枚目の名刺 未来を変える働き方		米倉誠一郎	イノベーション研究の第一人者が贈る新機軸!! 名刺からはじめる"寄り道的働き方"のススメ	840円	696-1 C
ローマ法王に米を食べさせた男	過疎の村を救ったスーパー公務員は何をしたか？	高野誠鮮	ローマ法王、木村秋則、NASA、首相も味方にして限界集落から脱却させた公務員の活躍！	890円	697-1 C
格差社会で金持ちこそが滅びる		ルディー和子	人類の起源、国際慣習から「常識のウソ」を突き真の成功法則と日本人像を提言する画期的一冊	840円	698-1 C
天才のノート術 連想が連想を呼ぶマインドマップ®〈内山式〉超思考法		内山雅人	ノートの使い方を変えれば人生が変わる。マインドマップを活用した思考術を第一人者が教示	880円	699-1 C
イスラム聖戦テロの脅威 日本はジハード主義と闘えるのか		松本光弘	どうなるイスラム国。外事警察の司令塔の情報分析。佐藤優、高橋和夫、福田和也各氏絶賛！	920円	700-1 C
悲しみを抱きしめて 御巣鷹・日航機墜落事故の30年		西村匡史	悲劇の事故から30年。深い悲しみの果てに遺族たちが摑んだ一筋の希望とは。涙と感動の物語	890円	701-1 A
フランス人は人生を三分割して味わい尽くす		吉村葉子	フランス人と日本人のいいとこ取りで暮らせたら、人生はこんなに豊かで楽しくなる！	800円	702-1 A
専業主婦で儲ける！ サラリーマン家計を破綻から救う世界一シンプルな方法		井戸美枝	「103万円の壁」に騙されるな。夫の給料UP、節約、資産運用より早く確実な生き残り術	840円	703-1 D
75・5％の人が性格を変えて成功できる 心理学×統計学「ディグラム性格診断」が明かす"あなたの真実"		木原誠太郎×ディグラム・ラボ	怖いほど当たると話題のディグラムで性格タイプ別に行動を変えれば人生はみんなうまくいく	880円	704-1 A

表示価格はすべて本体価格（税別）です。本体価格は変更することがあります